COLLECTION

CHAMPFLEURY

LA VENTE AURA LIEU

Le Lundi 26 Janvier 1891, et les deux jours suivants

A DEUX HEURES PRÉCISES

HOTEL DES COMMISSAIRES-PRISEURS

RUE DROUOT, 9

SALLE N° 4, AU PREMIER

Par le ministère de M° Léon TUAL, commissaire-priseur

RUE DE LA VICTOIRE, 56

Assisté de M. Léon SAPIN, libraire

RUE BONAPARTE, 3

Dimanche, 25 Janvier, Exposition publique.

CONDITIONS DE LA VENTE

La vente se fait au comptant.

Les livres devront être collationnés dans les vingt-quatre heures de l'adjudication. Passé ce délai, ou sortis de la salle de vente, ils ne seront repris pour aucune cause.

M. L. SAPIN remplira les commissions des personnes qui ne pourraient assister à la vente.

Les acquéreurs paieront 5 pour 100 en sus des enchères, applicables aux frais.

CATALOGUE

EAUX-FORTES, LITHOGRAPHIES
CARICATURES, VIGNETTES ROMANTIQUES
DESSINS ET AQUARELLES

FORMANT LA

Collection Champfleury

Avec une Préface de PAUL EUDEL

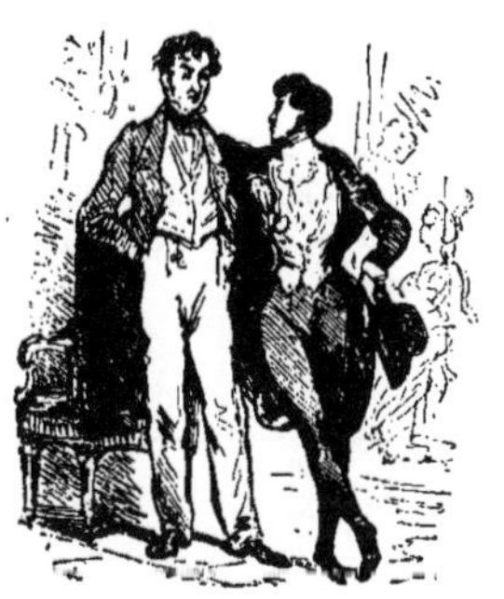

PARIS
LÉON SAPIN, LIBRAIRE

3, RUE BONAPARTE, 3

—

1891

ORDRE DES VACATIONS

Lundi 26 Janvier 1891

Mardi 27 Janvier

Mercredi 28 Janvier

Les vignettes qui figurent dans le texte ont été pour la plupart tirées sur des clichés prêtés par la maison Dentu et provenant de deux ouvrages de Champfleury.

Il a été tiré à cent exemplaires un catalogue contenant, hors texte, des portraits, des charges de Champfleury, de Balzac et de Théophile Gautier. Il renferme en outre, des caricatures, des vignettes romantiques et des dessins d'après Henry Monnier et Constantin Guys.

Ce tirage à part, sur papier vergé, est en vente chez les principaux libraires, au prix de 10 francs.

LES CARTONS D'ESTAMPES

CHAMPFLEURY

ui se rappelle aujourd'hui l'ancienne esplanade du Carrousel, mal pavée, toute en bosses avec des baraques de planches vermoulues ? Vieux habits et vieille ferraille, vieux bouquins et vieilles estampes, on y trouvait tout ! Là, Champfleury, petit employé de librairie, venait aux heures de loisir promener sa curiosité naissante : vraie cour des miracles de la brocante et de l'antiquaille, elle satisfaisait alors, cette place du Carrousel, le goût populaire qu'il avait dans le sang.

En badaud de l'école de Nodier, il s'amusait des farces de tréteaux, de la parade des pitres, du bavardage des perroquets et des diseuses de bonne aventure. Puis, pour se reposer, il entrait chez quelque brocanteur et d'une main distraite, sinon discrète, il fouillait les cartons à deux sous. A défaut d'œuvres d'art qui ne s'y rencontraient pas toujours, il faisait d'heureux achats d'anciennes lithographies et de vieilles images au dessin primitif.

Les quelques pièces sur la Révolution : les cartes à jouer symboliques, *le Départ de la Sainte Famille* et *le Dégel de la Nation* ; celles sur la période napoléonienne: *Le Sire conscrit dans l'île d'Elbe, Fête pour l'anniversaire de la naissance de l'Empereur* 15 août 1807, n'ont vraisemblablement pas d'autre origine. Champfleury s'intéressait à ces ébauches, grossières sans doute, mais imprégnées du charme historique des époques lointaines.

Vous souvient-il aussi de ces historiettes illustrées à un sol dont enfants nous épelions les légendes ? Comme ces vulgaires dessins médiocrement coloriés frappaient nos imaginations et nos yeux que rien n'avait encore blasés! Ceux qui conservent le culte de leurs très jeunes souvenirs reverront sans doute avec plaisir les nombreuses images, publiées à Epinal, à Chartres, à Beauvais, à Orléans, à Paris, que Champfleury s'est amusé à recueillir. Les titres évoquent la mémoire de nos premières lectures : *Damon et Henriette* et *Pirame et Thisbé,* l'*Arbre d'amour* et l'*Horloge de crédit,* le *Grand Diable d'Argent* et le *Bienheureux Saint-Lâche,* le *Chat Botté* et *Barbe Bleue,* le *Monde renversé* et ce *Juif Errant* éternel comme sa promenade, destiné à faire le bonheur de bien des générations encore. Il y a là tout un stock de gravures ayant trait à l'histoire du légendaire et immortel personnage, ses aventures, ses portraits, entre autres celui « tel qu'il a été tiré à Bruxelles en 1774 ». Histoires naïves, dessins naïfs, colorations naïves, tout cela renferme sans doute le doux parfum de nos enfances; mais Champfleury en sut tirer le sens artistique, la *philosophie* maligne et divertissante, dans son livre, *Histoire de l'imagerie populaire*, qui tient le milieu, dans son œuvre, entre la Caricature et les faïences *parlantes*.

Puisque nous parlons de l'image, comment passer sous silence une de ses formes dérivées où elle s'élève et qui vient d'obtenir définitivement ses lettres d'introduction dans le domaine de l'art avec M. Jules Chéret, cet artiste si personnel? Champfleury aimait, lui aussi, les affiches. Il en possédait deux très curieuses et signées par des maîtres : l'une de Manet pour son volume sur « les Chats » est d'un effet de nuit violent, mais bien propre à l'artiste : sur les toits deux chats errent, les yeux brillants. L'autre, de Daumier, dont quelques exemplaires en loques ornent encore les murs de Paris, fut exécutée en 1872 pour un marchand de bois d'Ivry. Peu de gens savent qu'elle porte la signature du grand caricaturiste.

Chercheur infatigable que rien ne rebutait, Champfleury au milieu de ses luttes, de son labeur incessant, n'épargna aucune démarche pour enrichir sa collection, et son esprit le conduisit un peu partout, à travers tous les arts, à travers toutes les époques. Nous venons de le voir épris du sens primesautier des imagiers. Le voici à présent séduit par le côté burlesque des êtres et des choses, enthousiaste de cette période de 1830 si hardie dans le comique! Quelle puissance d'expression, quelle ampleur de rendu dans ces maîtres de la Caricature dont les œuvres, au nombre de plusieurs milliers, sont assurément le plus beau joyau de la collection ! Sans doute le genre n'est pas nouveau, mais sous les doigts d'artistes merveilleusement doués, il vient de prendre sa place au grand soleil de l'art. Daumier, Monnier, Gavarni, Traviès, Grandville et tant d'autres moins connus, satiristes politiques ou moralistes, les uns cruels, les autres simplement ironiques, reprennent dans le dessin la grande tradition du rire qui semble avoir déserté la scène, et se font les vrais héritiers du génie de notre race. La passion qu'ils inspirèrent à Champfleury fut très vive. Non seulement il avait le goût de la Caricature, mais il lui attribuait un rôle historique très prépondérant. Qu'on en juge par ces lignes de la préface de son Histoire de la Caricature moderne :

« La Caricature tient un rang très bas dans l'histoire, « peu d'écrivains s'étant préoccupés de ses manifesta· « tions ; mais aujourd'hui que l'érudit ne se contente « plus des documents historiques officiels, et qu'il étudie « par les monuments figurés tout ce qui peut éclairer « les événements et les hommes, la Caricature sort de « sa bassesse et reprend le rôle puissant qu'elle fut char- « gée de jouer de tout temps. La Caricature est avec le « journal le cri des citoyens. »

Si l'on songe à quelles recherches l'auteur du *Violon de faïence* a dû se livrer, quelles fouilles il lui a fallu entreprendre pour mener à bonne fin les études de ses six volumes sur la Caricature, si on évoque le souvenir des relations amicales qu'il entretint avec quelques-uns des maîtres caricaturistes, avec Daumier, avec Monnier,

on ne s'étonnera plus du nombre considérable de pages
précieuses et rares, de croquis aux accentuations ro-
bustes, d'épreuves avant la lettre qu'énumère le Catalogue.

De Daumier, ce grand crayonneur qui fut en même
temps un grand esprit, il ne possédait pas moins de quatre mille pièces. Presque tout l'œuvre est là, même les
planches signées, par prudence, Honoré ou Rogelin,
lorsqu'il ne frappait pas les ridicules de son temps de
ses deux initiales H. D. comme autrefois le fer rouge
du T. F. marquait les hontes de la société. Citons en
passant certaines de ses improvisations merveilleuses
côtoyant sans cesse la saisie :

Les « *Massacres de la rue Transnonain* », lithographie
brutale mais splendide dans son effet, page terrible
n'ayant rien d'une caricature et qui restera comme un
Goya. La mise en scène est saisissante : dans une
chambre en désordre, un lit fouillé par les baïonnettes
et, sur le plancher, un enfant, une femme, un vieillard
lamentable, un ouvrier à la chemise ensanglantée, éten-
dus morts.

« *Le Ventre législatif* » (à toute marge), composition
remarquable dont une épreuve passa, il y a quelques
années, sous le marteau du commissaire-priseur et attei-
gnit cent quarante francs, prix inconnu jusque-là. Tous
les collectionneurs la connaissent cette fresque satirique
où, avec sa verve moqueuse, Daumier représente la
Chambre prostituée de 1836. Les ministres sont à leurs
bancs. Sur les gradins, s'étalent les silhouettes vivantes
des députés gorgés, repus — les gras étalant leurs ven-
tres, suivant l'expression du temps.

*

« *Enfoncé Lafayette !* ». Dans un cimetière parisien, près d'une tombe, un croque-mort à la mine larmoyante, reconnaissable aux favoris légendaires, regarde passer un corbillard avec son convoi et se frotte les mains.

« A la Cour d'Assises » et *Souvenir de Sainte-Pélagie*, cette prison où Daumier fut condamné à séjourner six mois pour son célèbre *Gargantua*, représentant Louis-Philippe avalant gloutonnement de gros budgets sous la forme de pâtés de foie gras.

Quel grand maître ce Daumier ! Un témoin des travaux de Champfleury, Jules Troubat a dit, avec juste raison, dans son *Blason de la Révolution*, que Daumier a été le véritable pamphlétaire du règne de dix-huit ans. C'était le beau temps de la satire politique, alors que la censure, les obstacles sans nombre semés sur la route des artistes ne faisaient qu'exciter leur verve et stimuler l'ingéniosité de leur esprit !

Très intéressant aussi cet album de 36 bustes, reproductions photographiques de types créés par Daumier; précieux document sur la méthode de travail du caricaturiste. A la Chambre, dans la tribune des journalistes, il apportait de la terre à modeler et traduisait ainsi sur le vif les types, qui, plus tard, figuraient à plusieurs reprises dans ses œuvres.

Philipon, alors directeur du *Charivari*, eut l'excellente pensée de conserver ces bustes en terre et son fils les fit reproduire plus tard par la photographie. Champfleury avait la bonne fortune de posséder l'un de ces albums.

Bien qu'il eut le travail pénible, Daumier était cependant d'une fécondité inépuisable; il produisait avec une abondance telle que Philipon avait souvent pour chaque numéro du *Charivari* le choix entre deux et même trois dessins. Champfleury put réunir ainsi quelques pièces inédites, exemplaires uniques, portant au crayon rouge le mot « effacez »; cela signifiait que la pierre était à nettoyer.

Les raretés abondent du reste sur Daumier :

Son unique essai à l'eau-forte, une tête de fantaisie gravée pendant une soirée chez M. Charles de Bériot. Que sais-je encore? des dessins d'étoffes commandés par M. Néson, de Rouen; les deux seules romances illustrées par lui et l'exemplaire rarissime des *Représentants représentés,* dont la pierre figure parmi celles dont nous venons de parler.

Mais il nous est impossible de laisser de côté la série de Robert Macaire et de son inséparable Bertrand, deux types légendaires avec leurs bottes éculées, leurs chapeaux en accordéon, leurs pantalons formés de plus de trous que de drap. Le Robert Macaire de Daumier, le Mayeux de Traviès, dont nous signalons au courant de la plume « le type original » possédé par Champfleury, enfin Monsieur Prud'homme d'Henry Monnier forment une trilogie impérissable représentée par plusieurs planches inscrites au catalogue.

Plus indulgent que Daumier, mais tout aussi profond, Henry Monnier, le spirituel bourreau de certaine bourgeoisie étroite et vaniteuse, figure dans la collection avec de nombreuses aquarelles et vignettes, une série sur « les Employés », une autre sur « les Grisettes », des esquisses parisiennes, des silhouettes de tout genre, en tout un millier de pièces qui nous permettent de suivre l'artiste dans les divers genres où il excelle. A côté de Daumier, ce Juvénal de la lithographie (disait Champfleury), qui obtenait une grande intensité d'expression par quelques coups de crayon hardiment tracés, Monnier nous apparaît observateur minutieux, construisant ses individus peu à peu et les perfectionnant par des retouches successives et progressives. L'inoubliable Monsieur Prudhomme passa par bien des formes avant d'atteindre toute « sa mons-trueuse vérité ». Monnier le travailla toute sa vie. Il l'agrandit et l'embellit. Il le développa, et le degré d'ampleur que nous lui connaissons, lui coûta de pro-digieux et incessants efforts d'observation. Que l'on compare le « Monsieur Prudhomme », frontispice de l'édition de 1830 des *Scènes populaires*, celui des litho-graphies ayant pour légendes les paroles fameuses ; « Otez l'homme de la société, vous l'isolez », et « Je maintiens mon dire, si Bonaparte était resté lieutenant d'artillerie, il serait encore sur le trône », avec ce merveil-leux croquis à la plume daté de 1860 — et l'on est frappé de l'étoffement progressif du bonhomme.

Signalons encore aux amateurs quelques pièces inté-ressantes de Monnier : des tirages d'essai montrant les diverses couleurs qu'il employait, des lithographies, faites dans l'atelier de Gavarni non mises dans le com-merce et surtout :

Deux dessins à la mine de plomb, pris à l'école de médecine, représentant le crâne des condamnés à mort Papavoine et Colette.

Une sépia où, à la lueur d'une lampe, un vieillard

assis près d'une table lit attentivement un volume, tandis que près de lui coud une servante. Sujet très simple, idéalisé avec la puissance d'Holbein.

Un lavis à trois tons, d'un dessin au crayon rouge, *les Forçats au bagne*, fait d'après nature à Toulon ou à Brest pour servir à une illustration des Français peints par eux-mêmes.

« *Madame est encore sortie* », croquis de la série des *Distractions* — toute une comédie de mœurs en quelques coups de crayon.

Le portrait de Mme Lafarge, la célèbre empoisonneuse, une Circé devant qui l'auteur des *Grisettes* était resté froid, impassible, sans une émotion.

Un autre très beau portrait d'un inconnu. On sait que Monnier, lorsqu'il donnait des représentations en province, était reçu par les notabilités de la ville qui appréciaient ses rares qualités d'écrivain, de peintre, de comédien. Pour reconnaître ces sympathies, il croquait le portrait du maître de la maison. C'est ainsi qu'il fit à Nantes, de M. Victor Mangin, rédacteur alors du *National de l'Ouest*, un portrait qui n'est pas connu et que son fils Evariste Mangin a précieusement conservé.

Et pour continuer les portraits, une aquarelle représentant Henry Monnier en femme pour le rôle de Mme de la Batide dans son vaudeville *les Compatriotes*, avec des recommandations toutes spéciales de sa main, car le comédien ne livrait rien au hasard. « Tenez le rose du chapeau très tendre, que la robe soit d'un beau vert de lumière, placez les poches de côté comme sur la couture d'un pantalon ».

Mais nous n'en finirions pas s'il fallait énumérer tous

les chefs-d'œuvre de la Caricature que l'auteur du beau livre sur *Henry Monnier, sa vie, son œuvre* avait pu réunir, et nous renvoyons le lecteur à l'inventaire dressé avec soin par le consciencieux expert Sapin.

Disons cependant quelques mots d'un artiste peu connu de notre génération, mais qui eut son heure de célébrité et que ses contemporains tenaient en grande estime. Il s'appelait Constantin Guys. Anglais d'origine, il a laissé une œuvre d'un réalisme topique. C'était un précurseur, il se plut à peindre avant Rops les bas-fonds de la société. Le cerveau de ce Guys eut la sensibilité d'une plaque photographique. Assis au Casino Cadet ou à la Patte de Chat devant une table de marbre, en face d'un verre de liqueur qu'il ne buvait jamais, il pouvait regarder à son aise et accumuler dans sa mémoire des types que le lendemain il reproduisait avec exactitude. Prostituées, chanteuses de café-concert, buveuses d'absinthe, rouleuses de bouges, rastaquouères de barrière, drôlesses en chasse, pensionnaires de maisons closes — tels furent les sujets qui exercèrent son crayon.

Notre ami regretté possédait entre autres dessins de cet artiste bizarre et épris de modernité :

Deux grisettes sveltes, élégantes, têtes nues, les cheveux emprisonnés dans un filet, souliers plats à rubans, que Champfleury appelait « les Primatice du boulevard Montmartre ».

Puis une entrée d'anglais dans un temple d'amour à prix fixe. Le flegme du britannique personnage au milieu des demi-nudités étalant leurs gorges et cherchant à le séduire par des poses provocantes est d'un comique très fin.

D'autres pages de Guys nous le dévoilent sous un tout à fait différent aspect : amateur des élégances, des mondanités, du sport et de l'uniforme, il nous représente des officiers sanglés dans leur tenue, des ladies montées sur des pur sang, des dandys tirés à quatre épingles dans leurs habits bleu barbeau à boutons d'or, de riches attelages avec des larbins de la meilleure tenue.

Il a laissé encore une série très curieuse sur la guerre de Crimée. Il eût enthousiasmé Raffet et Charlet. Amoureux de la foule et de l'incognito, nous dit Baudelaire, qu'il fascinait par sa sincérité, il ne signait pas un dessin, mais l'originalité de son coup de crayon était une marque défiant toute contrefaçon de fabrique. C'était une fanfare perpétuelle de lumière, ajoute le poète, dans le chapitre qu'il lui a consacré.

Toutes les branches de l'art se ressentirent du mouvement général des esprits en 1830. Un même souffle anima la plume et le crayon, et la Caricature ne fut si forte que parce qu'elle subit l'impulsion générale. Prenant ses sujets non dans des cadres plus ou moins factices, mais dans le milieu vivant où elle se produisait, sa destinée fut de présenter aux yeux de la postérité un double attrait de curiosité artistique et d'enseignement historique.

Le second de ces éléments fait naturellement défaut aux autres illustrateurs du temps dont Champfleury a recueilli les œuvres et qui forment le groupe des romantiques purs. Un Daumier, un Monnier sont populaires, car le sens de leur talent a une portée générale et, partant, de longue étendue. Un Tony Johannot, un Devéria, un Célestin Nanteuil, sont moins connus, parce que leur art spécial reflète un état d'esprit particulier et non l'état moral et physique tout entier d'une époque. Leur action ne dépasse pas un temps limité et ils ne restent guère que dans le souvenir des artistes et des curieux.

Champfleury nous a conservé un nombre considérable des œuvres de ces maîtres qui eurent leur moment de célébrité. Les délicats l'en remercieront. Nous avons parlé dans la préface même, en tête du Catalogue de la bibliothèque de notre confrère, du beau livre qu'il a consacré aux *Vignettes romantiques*. Ce sera sans doute avec plaisir qu'on retrouvera dans cette collection plusieurs épreuves originales des lithographies reproduites dans ce volume.

L'auteur de *Chien-Caillou* habitait Sèvres, lorsqu'il s'attela à cette besogne de longue haleine. Que de fois il lui fallut prendre le chemin de Paris ! Sur le bateau qui fait le trajet entre le pont des Saints-Pères et les villégiatures de la Seine, on ne voyait que lui. A peine débarqué, il s'élançait à la chasse des vignettes, à la poursuite des documents précieux. Il passait des heures entières chez Sapin, dans sa librairie romantique de la rue Bonaparte, feuilletant sans cesse dans les vieux bouquins « ces images incrustées en plein texte qu'on ne peut arracher du récit », comme a dit Jules Janin. D'autres fois, ses fonctions de conservateur de Musée l'entraînaient sur la rive droite. Il entrait à l'Hôtel des Ventes, poussait quelques enchères et, avant de regagner l'embarcadère, faisait un tour chez Salvator Mayer, le marchand d'estampes, qui lui dénichait le frontispice rare, le cul-de-lampe introuvable, la lithographie inconnue, objets de ses convoitises. Enrichi d'une pièce nouvelle, l'auteur des *Amoureux de Sainte-Périne* reprenait souvent, en compagnie du romancier Cladel et du graveur Bracquemond, relégués comme lui dans la banlieue fleurie, l'hirondelle qui le ramenait, un peu las sans doute, mais satisfait de sa journée.

Aussi toute la kyrielle des fantaisies macabres de la période romantique a-t-elle été retrouvée dans les cartons de Champfleury : troubadours élégiaques, femmes traînées par les cheveux, diables au long pourpoint, cydalises provocantes, sauvages chaussés de bottines, squelettes enveloppés de manteaux byroniens, amants enlacés rêvant à la vesprée, beaux diseurs de rien, ténébreux au jabot tuyauté, coquettes en haut chignon et en manches à gigot, buveurs d'infini aux cheveux en saule pleureur, défilent comme les verres d'une lanterne magique. — Chacun cherchant ses préférences, nous n'avons pas à indiquer les nôtres. Nous signalerons cependant à l'attention des connaisseurs quelques pièces curieuses de cette série :

De Tony Johannot, deux eaux-fortes exquises destinées à orner le titre de traduction de romans étrangers publiés par Gosselin et les dernières que l'artiste grava lui-même sur acier.

Du même, crayonné par lui sur les bois que Porret

gravait en fac-similé, le jeune homme appuyé sur la colonne d'un monument funèbre, dans un cimetière au bord des flots, sous un ciel noir sur lequel se détache une lune éclairant les sommets de montagnes sombres — page probablement inédite et destinée à un ouvrage inconnu.

De Louis Boulanger, la *Ronde du Sabbat,* de Victor Hugo, musique de Niedermeyer; des frères Devéria, d'Alfred Johannot, de Jean Gigoux, d'Eugène Lami, de nombreuses planches exécutées pour les éditions de Balzac, de Musset et d'Alfred de Vigny.

De Célestin Nanteuil, un portrait à la mine de plomb, de Victor Hugo, fait d'après nature; un frontispice pour les œuvres de Dumas père; trois eaux-fortes inédites pour le *Spectacle dans un fauteuil,* refusées par Alfred de Musset, qui n'aimait pas être illustré.

Mettons enfin hors de pair quatre planches de toute rareté tirées sur chine, commandées par Renduel en 1832, pour une édition du grand poète dont l'impression, nous ne savons pour quelle raison, fut arrêtée à ses débuts; un portrait de Victor Hugo placé au centre d'un frontispice, le Dernier jour d'un Condamné, Bug-Jargal, Notre-Dame-de-Paris. Champfleury eut la chance de sauver du naufrage des saisies et des ventes, qui suivirent la déconfiture du libraire où il était commis, ces quatre pages précieuses, l'un des clous de la vente.

Plusieurs autres compositions de Célestin Nanteuil, tirées des éditions diverses de *Notre-Dame-de-Paris*, les frontispices de *Catherine Howard*, de *Venezia la belle*, des *Jeune-France* donnent la note de ce talent distingué dont la collaboration était alors si recherchée par les auteurs. Le milieu et le temps dans lesquels se déroulent

les événements de ces livres, convenaient merveilleusement au talent de celui que Théophile Gautier appelait
« le Jeune Homme moyen-âge ». Nanteuil, en effet,
s'était, avec un rare bonheur, assimilé le sens d'une
époque et la physionomie d'une architecture que les lit-
térateurs avaient mises à la mode. M. Henri Beraldi,
dans sa remarquable publication sur « *Les graveurs du
xix*ᵉ *siècle* », a dit avec juste raison : « Il rendit à la cause
romantique un' éclatant service. Il lui donna une de ses
formules d'illustration et lui apporta une conception
particulière et un répertoire iconologique nouveau ».

Ces romantiques avaient tous la fougue des no-
vateurs, leurs œuvres aujourd'hui encore nous sur-
prennent. Comment s'étonner du tolle général qu'ils
soulevèrent par leurs audaces chez les plus entêtés des
classiques ? On disait bien alors que Delacroix, l'illustre
Delacroix, avait le goût du laid, de l'ignoble, du mons-
trueux, qu'il peignait avec un balai ivre ! Il est vrai que
ces mêmes artistes avaient des admirateurs aussi pas-
sionnés que leurs détracteurs. Pour Delacroix, la postérité s'est prononcée en dernier ressort et il occupe
aujourd'hui la place qu'il a su conquérir, à coups de
chefs-d'œuvre.

On remarquera dans ce Catalogue plusieurs pages du
maître romantique auxquelles s'attache un intérêt particulier. Champfleury avait en effet épousé une demoi-
selle Pierret : son beau-père, chef de division au Ministère
de l'Intérieur, collectionneur distingué, était très lié avec
Delacroix. M. Pierret, dont un homme d'une grande

érudition, M. Alfred Robaut, nous a traduit le délicieux portrait peint par Eugène Delacroix (dans un volume intitulé : *Œuvre complet d'Eugène Delacroix*), réunissait une fois par semaine dans son salon quelques gens de goût et des artistes connus : Eugène Isabey, Paul Huet, Jal, Schwiter et Frédéric Villot — une petite académie intime. Le soir, devant les hôtes de M. Pierret, dans ce centre hospitalier où tout le monde servait de modèle, Delacroix laissait errer son crayon sur le papier. Tantôt il dessinait des portraits, restés dans la famille, de Mme Claire Vila, la dernière survivante des filles de M. Pierret, tantôt croquait avec verve des ébauches, que Mme Champfleury recueillit après la mort de son père et qui passèrent dans la collection de son mari.

C'est ainsi qu'à côté de carnets de croquis et d'esquisses d'où devaient plus tard sortir de grands tableaux tels que : *Sardanapale*, l'*Assassinat de l'évêque de Liège*, l'*Entrée des Croisés à Constantinople*, fut conservée précieusement dans les cartons de Champfleury la fleur des épreuves à l'eau-forte et en lithographie que le maître apportait chez M. Pierret, aussitôt leur premier tirage à l'imprimerie. Saluez, amateurs nos amis, beaucoup de ces épreuves sont à grande marge, sur chine et quelques-unes avant toute lettre et avec les salissures.

Aussi, nous en sommes certains, l'on ne manquera pas de se disputer :

Le *Fantôme*, aquatinte, pièce qui n'a jamais été cataloguée — peut-être unique.

La *Fuite des Contrebandiers*, sur chine, à fleur de coin, lithographie destinée à accompagner une ballade de Bétourné, musique de Th. Labarre.

L'*Esclave favorite de l'Ambassadeur de Perse*. Une œuvre de jeunesse.

Le *Cheval sauvage terrassé par un tigre*, une splendide épreuve avec les salissures sur les marges.

La *Sœur de Duguesclin*, tirée sur chine pour les *Chroniques de France*.

Macbeth consultant les sorcières, premier état tiré à six exemplaires.

Hamlet contemplant le crâne d'Yorik, épreuve sur chine avec les croquis sur les marges.

Faust et Méphisto, avec son frontispice qui est le véritable blason du romantisme: un titre couronné d'un hibou aux ailes étendues avec Marguerite et Méphisto comme support. On raconte que Gœthe, à la vue de la magistrale interprétation de son œuvre, s'écria : « Delacroix a surpassé l'idée que je me faisais des scènes écrites par moi-même ».

C'est encore à cette période féconde du romantisme qu'il nous faut rattacher les dessins variés qui ornaient les couvertures des romances, morceaux et partitions de musique de l'époque. Toutes les œuvres du musicien Monpou, alors fort à la mode, ont été ainsi enluminées et ce n'est pas là une des choses les moins curieuses de la collection que de revoir les illustrations de ces romances roucoulées par nos mères : la *Captive*, d'Alfred de Musset, les *Deux Archers*, de Victor Hugo, *Lénore,* de Gérard de Nerval et la *Tour de Nesles*, de Roger de Beauvoir.

Si nous jetons maintenant un coup d'œil sur les

minores du temps, nous nous arrêterons un instant au nom de Bresdin, dont Champfleury possédait deux dessins à la plume : un *Intérieur* et *Le Repos en Egypte* ; puis, une eau-forte : le *Vallon* de Lamartine ; une lithographie, le *Bon Samaritain* ; des reports d'eaux-fortes sur pierre et quelques autres documents non dénués d'intérêt. Ce fut à ce Bresdin, surnommé Chien-Caillou parce qu'il s'était affublé lui-même du surnom de Chingaow, — un des héros indiens du romancier Fenimore Cooper, — que Champfleury emprunta le titre de sa célèbre nouvelle.

Bresdin, bohême incorrigible, soutenait que notre ami lui devait sa première gloire. Sous ce prétexte, il s'attacha à ses pas comme une ombre, vint s'installer auprès de lui à Sèvres et puisa sans vergogne dans sa bourse. Il fallut qu'un beau jour Champfleury mit un terme à une exploitation qui menaçait de s'éterniser. Bresdin courut gémir sur l'ingratitude humaine dans les bureaux de rédaction ! Quoi ! s'écria-t-on, Champfleury sans pitié laisse mourir Chien-Caillou de faim ! Et une volée de bois vert tomba sur les épaules de l'ingrat. Ce fut vers cette époque que le *Figaro* reproduisit la fameuse nouvelle. Aussitôt Champfleury écrivit à Bresdin pour lui abandonner ses droits d'auteur, mais il eut soin de faire exiger par la Société des Gens de Lettres un reçu en bonne et due forme. Du coup Champfleury fut débarrassé de Bresdin. Il n'entendit plus parler de lui. Chien-Caillou mourut quelques années après.

Mais revenons à la collection. Que de noms il nous

faudrait encore passer en revue, si nous voulions, accordant à chacun la mention à laquelle il a droit, signaler aux amateurs tous les trésors que renferme cette mine si riche ! Et les Courbet, et les Corot, et les Manet, et les Ribot, et les Isabey, voire les Meryon, les Bonvin, les Legros et même le Japonais Okou-Saï — dessins à la plume et au crayon, eaux-fortes et aquarelles, lavis à l'encre de Chine, pour lesquels nous sommes forcés de renvoyer encore une fois le lecteur à la nomenclature détaillée. Entre tant de richesses artistiques, il serait difficile de faire un choix et ce n'est pas sans regret que nous verrons bientôt ces belles choses se disperser aux quatre coins du Paris curieux, intelligent et artiste.

Que ceux entre les mains de qui tomberont ces dépouilles opimes rendent pleine justice aux hommes qui, comme l'auteur des *Vignettes Romantiques*, se font les agents de la postérité au service des splendeurs et des gloires oubliées !

Puissent les pieux amateurs de reliques, les amoureux fervents des arts trépassés, les chercheurs de tout ce qui a été, se souvenir longtemps que Champfleury fut des leurs, que pour lui les choses mortes avaient une âme dont il aimait respirer le parfum et recueillir l'essence !

Paul EUDEL.

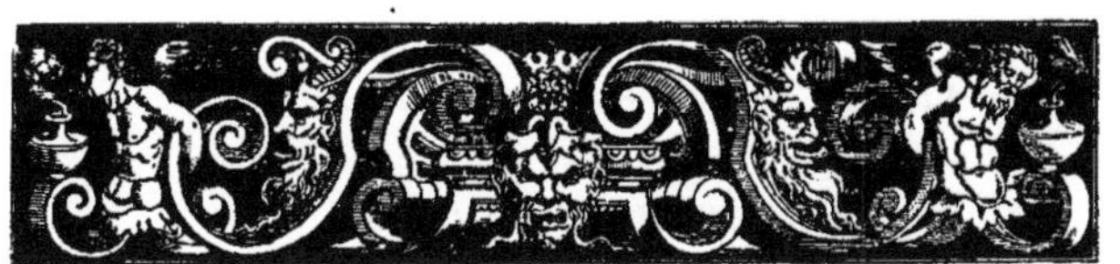

COLLECTION

CHAMPFLEURY

EAUX-FORTES, GRAVURES, LITHOGRAPHIES

ADELINE (Jules).

1. Curieuse eau-forte en forme d'Éventail, le Vieux Rouen, avec dédicace de l'auteur.

BARYE, — BONNINGTON, — BOUTET.

2. Quatorze pièces, lithographies et eaux-fortes.

BONHOMMÉ.

3 Les Représentants du Peuple. Collection de cent portraits en pied, dessinés d'après nature. *Paris*, 1848, in-4, en feuilles, couv. imp.

1

4. **Les Mineurs.** Curieuse lithographie de ce maître.

BONHOMMÉ, — COROT.

5. Deux lithographies. Érection de l'Obélisque de Louqsor, 25 décembre 1836. — Palais Primat de Luze. Cinq pièces, eaux-fortes, lithographies et procédés.

BONVIN (François).

6. Trois eaux-fortes. Un dessin à l'encre, son portrait. La Fileuse, bois gravé par Prunaire et deux caricatures d'enfants.

En tout, sept pièces.

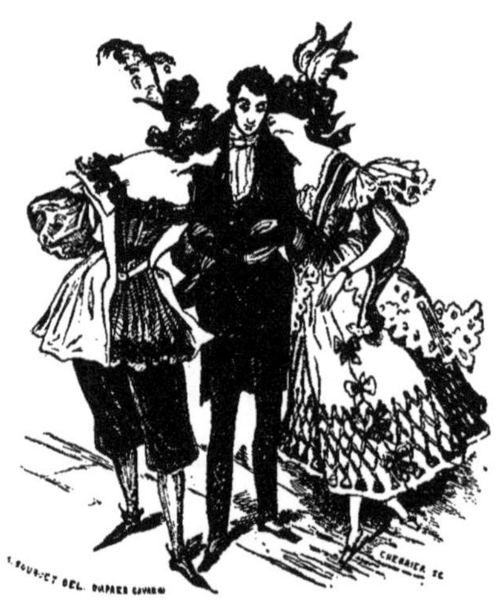

Vignette d'Auguste Bouquet.
D'après Gavarni (vers 1825).

BOUQUET (Auguste).

7. Vingt-cinq pièces, lithographics, bois, etc., par lui et d'après différents maîtres, dont trois épreuves du journal *La Caricature* « la Poire et ses Pépins », grande pièce.

> Ces épreuves ont servi à Champfleury pour dresser son catalogue de l'œuvre de Aug. Bouquet, paru dans l'*Art* du 1er novembre 1889. C'est le dernier travail du vaillant écrivain.

BOUTET (Henry).

8. Deux pointes sèches.

> Épreuves sur Japon.

BRACQUEMOND.

9. Léon Cladel, belle épreuve sur Japon, signé par l'auteur, à son ami Champfleury.

> 2e état. — Beraldi, 21. (¹).

10. Le Canard.

> État d'eau-forte de toute rareté. Épreuve sur magnifique papier à grandes marges. — Beraldi, 116.

11. *Les Fleurs du Mal*. Vignettes et fleurons inédits de Bracquemond, notes manuscrites de Champfleury, pour une édition illustrée des *Fleurs du mal*, in-8, cart.

> Comprenant :
> 1° Note autographe de Champfleury sur la composition du volume.
> 2° Portrait de Baudelaire, par Bracquemond. Eau-forte.
> 3° Frontispice pour les *Fleurs du mal*, première composition. Dessin original.
> 4° Frontispice, deuxième composition. Dessin original.
> 5° Frontispice, troisième composition. Eau-forte pour la partie inférieure (Fleurs de Péchés). Le squelette-arbre est dessiné à la mine de plomb. Au verso, croquis original du squelette, à la mine de plomb.

---

(1). Les *Graveurs du XIXe Siècle*, par Henri Beraldi. Pau, librairie Couquet. Le numéro est celui indiqué à la notice de l'artiste.

6° Frontispice, quatrième composition. Eau-forte, première épreuve de l'ensemble. Le squelette-arbre est de profil.

7° Lettre autographe de Bracquemond à Champfleury, au sujet du frontispice.

8° Frontispice, cinquième composition. Eau-forte. Le squelette est de face.

9° Trente-trois ornements typographiques inédits pour une édition des *Fleurs du Mal*, qui devait être publiée par P.-Malassis et qui n'a point parue.

Un grand et un petit fleuron, une lettre ornée, un grand et un petit cul-de-lampe pour chacune des divisions de l'ouvrage; un fleuron aux initiales C. B., une lettre ornée et un cul-de-lampe pour la notice sur Baudelaire.

En tout trente-trois ornements sur un grand placard, états différents en noir et en sanguine.

Gravures sur bois par Sotain, d'après les dessins de Bracquemond. Il n'a été tiré que deux épreuves de ce placard.

10° Note autographe de Champfleury, donnant l'historique de cette édition projetée.

« Je viens de faire pour la cinquième fois un squelette-arbre, écrit Bracque-
« mond à Champfleury, mais ce n'est pas encore ça ; Malassis en a un sous les
« yeux, et tant que je ne l'aurai pas trouvé, il me fera recommencer. Il m'a dit
« que vous aviez le livre où est ce squelette de ses rêves..... Je vous serais bien
« obligé de me prêter ce volume..... »

Champfleury chercha dans toutes les danses macabres qu'il possédait et ne trouva pas le squelette demandé ; il répondit dans ce sens, ajoutant que l'impression qui lui était restée de ses lectures était : « qu'on avait oublié la Mort ch..... au coin d'un bois et qu'un tel frontispice ferait merveille. » Bracquemond passa outre et finit par dessiner un squelette qui fut accepté par P.-Malassis, mais non par Baudelaire qui refusa énergiquement de le laisser publier en tête de son livre (voir à ce sujet la note du *Catalogue de la Bibliothèque de P.-Malassis*, 1878, page 126).

« Par ces frontispices, dit Champfleury, ces fleurons et ces culs-de-lampe qui
« sont comme une collaboration de Baudelaire et de Malassis, interprétée par un
« dessinateur, on aura peut-être une idée plus nette des *Fleurs du Mal*, qu'en les
« lisant, commandées et exécutées sous la direction d'un éditeur ami de l'auteur,
« qui était entré profondément en lui, ces vignettes ne purent paraître par suite de
« divers événements ; et plus tard la mort de Baudelaire, la vente de ses œuvres
« en bloc, devaient éloigner à toujours l'édition définitive rêvée par un libraire
« bibliophile ».

En effet, ce frontispice n'était pas destiné à la deuxième édition des *Fleurs du Mal*, comme le dit le Catalogue Malassis, car cette édition parut en 1861 et la lettre de Bracquemond est datée du 13 mars 1862.

En 1868, P.-Malassis publia à Bruxelles, *Les Epaves*, de Ch. Baudelaire, avec un frontispice à l'eau-forte de Rops. Or, le squelette-arbre de Rops ressemble singulièrement aux premier et cinquième squelettes de Bracquemond. Il n'y a là, croyons-nous, qu'une simple rencontre entre les deux artistes. Le Catalogue de l'Œuvre de Rops, contient page 267 une très curieuse lettre de Rops à P.-Malassis sur son frontispice et les Plantes-Péchés qui l'ornent.

12. La Terrasse de la Villa Brancas, — Portraits de Mme Bracquemond et de sa sœur.

> Épreuve sur Japon, 4° état. Cette épreuve porte sur la marge une note de Champfleury. — Beraldi, 215.

13. Sommets des arbres du parc de l'ancienne Manufacture de Sèvres.

> 2° état. Épreuve sur papier vergé, état très rare. Au bas de l'épreuve, une note de Champfleury. — Beraldi, 209.

14. Coucher de Soleil, d'après Corot.

> 2° état, rare. — Beraldi, 251.

15. Deux gros troncs de charme devant un mur.

> Tirage à petit nombre. — Beraldi, 128-131.

16. Paysan présentant une poignée de foin à son âne.

> Beraldi, 354-359.

17. Les grands arbres du Parc.

> Tiré à peu d'épreuves. — Beraldi, 124.

18. Deux jeunes femmes trouvant un petit enfant, — Titre de Romance.

> Beraldi, 360-370.

Un Paysan pénétrant dans une gorge sauvage, formée par des rochers ; il fait clair de lune.

> Rare en cet état.

19. Une Mare entourée d'eau. Eau-forte pour un titre de Romance.

> Très rare. — Beraldi, 7, 360-370,

20. Le Buveur, d'après Alexandre Lafond.

> Épreuve du 2° état. — Beraldi, 241.

21. Nymphe couchée au bord d'un ruisseau.

> Sur la marge inférieure, un Paysage.

Nymphe se baignant en tenant une branche à la main.

> Beraldi, 164-165.

22. La Mare de Beauséjour, à Passy.

> 2ᵉ état, tiré en tout à vingt épreuves. — Beraldi, 144.

23. Le Pêcheur et les deux Petits Enfants.

> Beraldi, 120.

24. Les Sarcelles.

> Premier état tiré à deux épreuves, épreuve sur Japon. — Beraldi, 111.

25. Les Taupes.

> Épreuve du 2ᵉ état, très rare. — Beraldi, 134.

26. Titre de Romance. Un jeune homme sous le balcon de sa belle le soir, à gauche un parc, avec une statue.

> Beraldi, 360-370.

27. Portrait du Dʳ Montegre, d'après Lagrenée.

> Tirage à quatre épreuves. — Beraldi, 82.

28. Portrait de Daubigny, peintre.

> Tiré à vingt épreuves, la planche détruite, très rare. — Beraldi 26.

29. Portrait du peintre Fantin Latour.

> Très rare. — Beraldi, 42.

30. Portrait d'Auguste Comte.

> État. — Beraldi, 23.

Portrait du peintre Corot.

> Épreuve avant la lettre. — Beraldi, 24.

31. Portrait d'Auguste Comte.

> Épreuve sur Chine et papier pâte. — Beraldi, 22.

32. Portrait de Bracquemond, dessiné par Bracquemond, *essai de procédé.*

> Beraldi, 3.

Margot la Critique, répétition de l'eau-forte, dessiné à la pointe sur le vernis, par Bracquemond, mis en relief par un procédé.

> Ici la pie ne tient pas de plume dans la patte et les vers sont différents ; essai de chalcotipie.

BRESDIN (dit Chien-Caillou).

33. Intérieur de Blanchisserie.

> Eau-forte des premiers temps de l'auteur.

34. Douze épreuves d'eaux-fortes : Paysages, — Marines.

> 1ᵉʳˢ états, planches non terminées, un titre de Romance : Le Vallon, poésie de Lamartine. États de planches probablement uniques.

35. Treize eaux-fortes de la *Revue Fantaisiste.*

36. Le Bon Samaritain, grande lithographie curieuse et intéressante. Pièce importante de l'œuvre de Chien-Caillou.

37. Quatorze lithographies : Paysages, — Scènes, — Intérieurs, — Sujets de fantaisie.

> Quelques-unes de ces pièces sont des reports d'eaux-fortes mises sur pierre, témoin l'Intérieur Flamand qui figure aux eaux-fortes.

38. Sept lithographies et reports d'eaux-fortes sur pierre, dont la grande pièce le Bon Samaritain.

BUHOT (Félix).

39. Trois eaux-fortes tirées de l'Album du Japonisme
     Jolies épreuves du Maître, sur Japon.

BUISSON (Jules).

40. Sept eaux-fortes tirées d'un volume de Gustave Vavasseur :
     Poésies Fugitives.

CALLOT (Jacques).

41. Eaux-fortes par et d'après, trente-sept pièces. Deux Albums.

CHAMPFLEURY (Marie).

42. Epreuves de traits pour servir à faire les chromos du livre
     Le Violon de Faïence, de Champfleury.
     Trois épreuves des chromos terminés.

CHARLET (Nicolas-Toussaint).

43. Dix-sept pièces, lithographies, dont un essai d'eau-forte et de
     lavis sur pierre.

CHATS.

44. Curieuse réunion de gravures, dessins, bois, lithographies,
     planches, ayant servi à illustrer le livre de Champfleury : *Les
     Chats*. Au nombre de ces pièces intéressantes se trouve la
     Musique des Chats, bois du xviiᵉ siècle, — le Grand Bois du
     Chat tenant une Souris, — l'Imagerie Populaire de Moscou, —
     la Reproduction d'après Mind, — la Curieuse de Gillot, etc.

CHATS.

45. Cinquante-six pièces, dont plusieurs très curieuses, dessins, gravures, eaux-fortes.

     Belles épreuves.

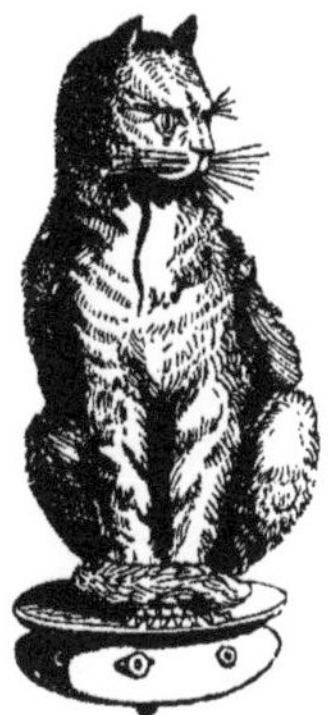

CHATS.

46. Le Jeu, d'après Burbank, lithographie, — Mimi, eau-forte de Adeline, avec une dédicace à Champfleury, — eau-forte sur papier vergé, le Chat qui se Lèche, — Eau-forte de Lepic, d'après Verlat, — Eau-forte sur papier à la mécanique.

CHHADOWIECKI.

47. Gravures et eaux-fortes, quatre-vingt-quatorze pièces.

COROT.

48. Lithographies de Emile Vernier. Cinq pièces.

     Belles épreuves.

COURBET (Gustave).

49. Portrait de l'apôtre Jean Journet.

    Lithographie de Courbet, très rare.

50. Quatorze lithographies et eaux-fortes, procédés, d'après Courbet, dont la lithographie de l'apôtre Jean Journet.

CRUIKSKANKS (George).

51. Trente-six eaux-fortes.

DAUMIER

ÉTUDES, MŒURS, TYPES, ETC.

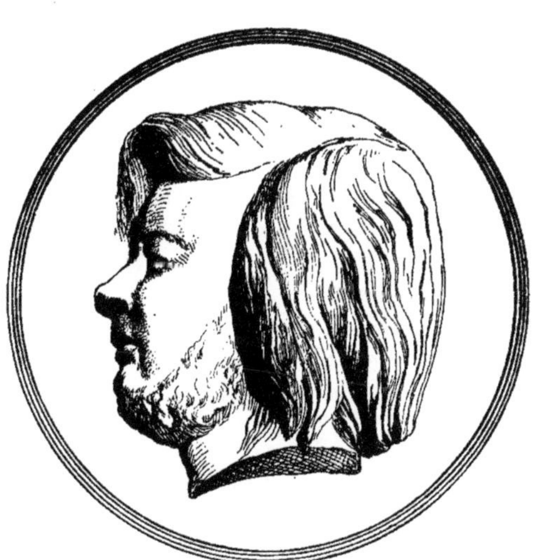

Honoré Daumier.
Dessin de Krentzberger, d'après Michel Pascal.

1829.

52. Feuille sans titre de série ni légende, signée H. D.

> Mayeux est assis sur un sofa entre deux demoiselles complaisantes qui le caressent et lui offrent un verre de champagne. Dans le fond, une servante prépare une nouvelle bouteille. Pièce douteuse.
> Toute marge.

1830.

53. Le Vieux Drapeau. *Lithographie de Ratier.*

> Toute marge.

54. L'Epicier qui n'était pas bête leur envoyait de la réglisse qui n'était pas sucrée du tout (Journées de Juillet 1830).

55. Enfoncé les bons gendarmes, signé H. D. *Lithographie de Ratier. Hautecœur-Martinet*, éditeur, 1830.

> Toute marge.

56. Il a raison l'moutard — hé oui, c'est nous qu'a fait la Révolution et c'est eux qui la mangent (la galette). *Aubert*, 1830.

> Toute marge.

57. Bienheureux ceux qui ont faim et soif, parce qu'ils seront rassasiés. *Lithographie Delannois*, coloriée.

> Toute marge. Jésuite gras se rendant à sa pension bourgeoise ; Prolétaire affamé couché au coin de la borne.

58. Passe ton chemin, cochon. *Silhouette*, 3ᵉ vol., 1830.

> Grande marge.

59. Des Victimes de la Révolution. *Lithographie de Ratier.*

> Publié par la *Revue la Silhouette*, 4ᵉ vol., 1830.

1831.

60. Monseigneur, s'ils persistent, nous mettrons Paris en état de
siège. *Aubert*, 1831, en couleur.

Toute marge.

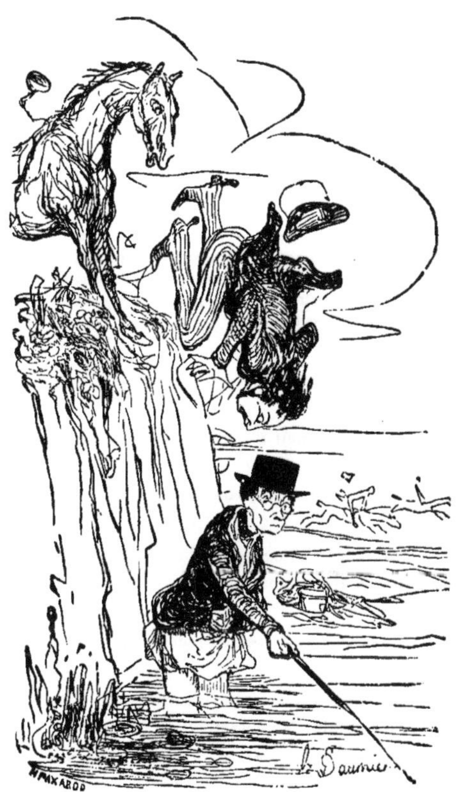

La Pêche.
Dessin de Daumier.

61. Qu'allons-nous devenir, Seigneur dieu! qu'est-ce qui soutiendra le pauvre monde à présent qu'y a plus de Loterie, — Ici on fait la barbe et la queue proprement.

Deux pièces.

1832-1872.

62. A la Cour d'Assises.

Épreuve plus complète que celle publiée par *la Récréation*, le 25 septembre 1881.

63. Actualités, n° 20. Le jeune Estancelin est obligé de rentrer en classe.

Trois états différents de cette planche. Le 1er représente un porc, la hure en l'air ; dans le 2e état, un cochon très engraissé flaire les provisions de M. Estancelin, célèbre éleveur normand ; les cochons disparaissent au 3e état pour faire place à des quilles et autres jouets d'enfant, caractéristique de la jeunesse du député. Il est rare de trouver dans l'œuvre pressée de Daumier de ces retouches. (*Note manuscrite de Champfleury.*)

64. Album Comique. *Paris*, s. d., in-4, br. couv. imp.

65. Album du Siège, recueil de caricatures publiées pendant le Siège, dans « *le Charivari* ». *Aux bureaux du Charivari*, s. d., in-4, cart., non rog., couv. imp.

65 *bis*. Amateur (L'). Photographie d'après un peintre, — deux photographies d'après deux dessins, exposés à l'Exposition de l'œuvre de Damier.

Ces deux dernière n'ont été tirées qu'à quatre ou cinq exemplaires.

66. An 40 (L'). Trente-six fantaisies drôlatiques par Gavarni, Daumier, Grandville, Maurisset.

Affiche lithographiée à la plume pour annoncer un album de planches du *Charivari*, publié par l'éditeur Beauger. Louis Desnoyers, Altaroche, Albert Clerc, sont représentés en instrumentistes de baraques de foires, appelant la foule.

67. ASSOCIATION MENSUELLE. Très hauts et très puissants moutards et moutardes légitimes.

Toute marge, sur Chine.

68. ASSOCIATION MENSUELLE. Ne vous y frottez pas.

Toute marge.

69. ASSOCIATION MENSUELLE. Enfoncé Lafayette, — Attrape mon vieux !

Toute marge, sur Chine.

70 ASSOCIATION MENSUELLE. Le Ventre législatif, aspect des bancs ministériels de la Chambre improstituée de 1834.

Toute marge.

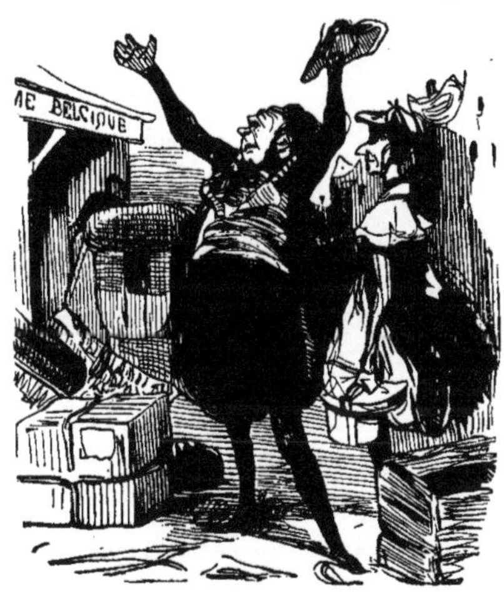

Robert Macaire.
Dessin de Daumier.

71. Association mensuelle. Rue Transnonain, le 15 avril 1834.

> Toute marge.

72. Bustes en terre, reproduction par la photographie. Six planches contenant trente-quatre portraits : Kératry, Persil, Vatout, Royer-Collard, de Lameth, Guizot, d'Argout, Dupin, Viennet, etc., in-4, cart.

> En tête, note manuscrite de Champfleury : « La plupart de ces petits bustes furent modelés par Daumier à la Chambre des Pairs, lors des grands procès politiques du commencement du règne de Louis-Philippe. Ces terres, qui ne furent jamais cuites, restèrent la propriété de Philippon ; en 1865, son fils adoptif eût l'idée, pour les conserver, de les faire photographier à douze exemplaires.

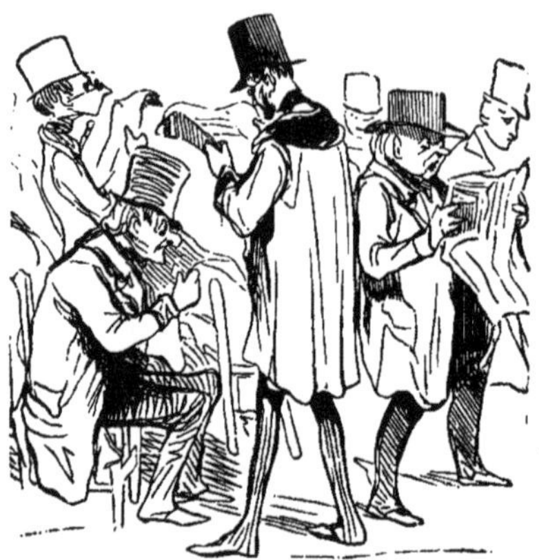

La Lecture du « Constitutionnel » au Palais-Royal.
Dessin de Daumier.

73. Caricaturana, quatre-vingt-neuf planches *ext. du Charivari* et onze planches hors texte. Ensemble cent planches, — Robert-Macaire, 2ᵉ série, vingt planches *ext. du Charivari*, remontées sur papier fort.

> Séries relatives aux Inventions industrielles de Robert-Macaire.

74. CARICATURE (La). Le Charenton ministériel.

> Planche double, signée Honoré, en couleur. Toute marge.

75. CARICATURE (La). Cortège du commandant général des Apothicaires, le prince Lancelot de Fricanule, à son entrée dans la Chambre des Pairs.

> Planche double. Toute marge.

76. CARICATURE (La). D'abord saigner, ensuite purger, postérieurement seringuer, 1833, en couleur.

> Planche double. Grande marge.

77. CARICATURE (La). Quelle sale représentation, mon Dieu !

> Planche double.

78. CARICATURE (La), 1832-1835. Soixante-seize planches remontées sur papier fort.

> Ce fut dans cette Revue que se produisit dans toute sa violence le crayon de Daumier. Le roi, ses ministres, les pairs de France, sont traités en bourreaux par les insurgés ; la République entrevue en 1830, n'apparaît que saignée aux quatre membres. Un art brutal et vigoureux se donne carrière dans ces planches hyperboliques ; toutefois, des portraits accentués et pleins de réalité se détachent de la mêlée et montrent Daumier sous un aspect de maître.
>
> On trouvera à la série *Juges des accusés d'Avril*, divers portraits faisant partie de la même publication.
>
> Quelques planches de Daumier, de *La Caricature*, sont signées *Honoré* ou *Rogelin* ; il fallait ne pas attirer l'attention de la justice qui avait condamné l'artiste à trois mois de prison pour une des feuilles de ce recueil. (*Champfleury, Catalogue Daumier.*)

79. CHARBON DE BOIS D'IVRY, 1872.

> Grande lithographie apposée journellement sur les murs de Paris. C'est la dernière pièce lithographiée par Daumier.

80. CHARIVARI (Le). Tirage sur Chine, treize planches remontées sur papier fort.

> Bal de la Cour, 5 — M. Royer-Coll....., — Vas te coucher Figaro, tu sens la fièvre, — l'Imagination, 6.

81. CHARIVARI (Le) reconnaissant, à l'année 1841, — le Carnaval, 1842.

82. CHARIVARI (Le). Exemplaire unique d'une épreuve du *Charivari*.

> Le mot au crayon rouge *effacez*, et la croix au crayon noir, étaient l'avis à l'imprimeur de détruire des pierres de Daumier et de Gavarni, dont il existait un stock trop considérable pour l'administration. (*Note manuscrite de Champfleury*

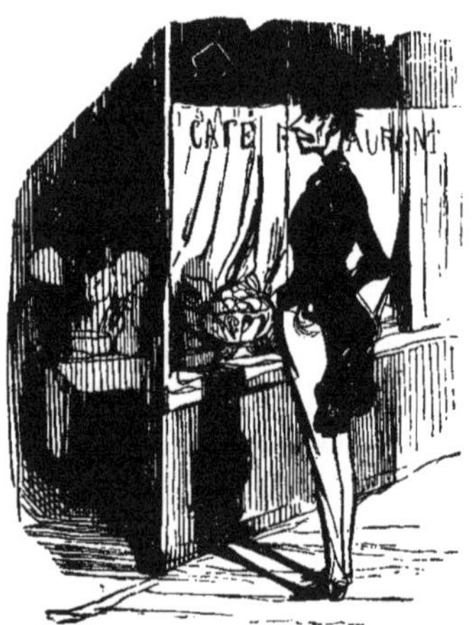

83. CHARIVARI (Le), 1833-35. Cent vingt planches remontées sur papier fort.

> On ne peut ranger autrement que sous le titre du journal qui publiait ces dessins divers non classés en séries, les scènes politiques, portraits ou bustes de juges et de personnages au pouvoir. C'est une petite guerre que Daumier fait dans cet endroit à côté des violences de combat de *La Caricature*. A en juger par les deux recueils, Louis Desnoyers, rédacteur en chef du *Charivari*, est un railleur discret en regard de Philippon l'agressif. Daumier combat dans le petit journal avec des armes plus légères, mais son talent ne s'y montre pas avec moins de puissance. Il faut noter dans cette période les portraits d'après nature de Fieschi et de ses complices, ceux de Bergeron et Benoit (affaire dite du coup de pistolet), celui de

M. Thiers (2 juin 1833), le premier de la nombreuse série des portraits de
M. Thiers que Daumier devait continuer jusqu'au coup d'État. Ces études d'après
nature devaient fortement servir à l'artiste, et en annonçant les portraits de Robert
et de Bastien, les assassins de la rue de Vaugirard (15 août 1833), c'est avec raison que *Le Charivari* imprime : « M. Daumier, dont le talent pour la ressemblance
est bien connu, s'est surpassé dans ce dessin, le plus exact que nous ayons jamais
eu ». (*Champfleury, Catalogue de Daumier.*)

**84. CHARIVARI, 1833-35. Vingt-quatre pièces hors texte, remon-
tées sur papier fort.**

A l'eau ! à l'eau ! — Tu, tu, tu, tu, bon, bon, tu, tu, tu. etc.,— Garrrre à vous,
guerrrrrdins de rrrrépublicains, — la Loi de responsabilité des Ministres est un
faible rempart,— Robert-Macaire, caricature attribuée à M. Rosselin, — Principal
acteur d'un imbroglio tragi-comique, — la grande Tire-lire, — le petit Thiers
baptisé doctrinaire, — la pauvre Bête tombe sous le fardeau, — Patience ! on va
vous construire une salle. — Talivet, supprimons les poches de ces gueuzards-là, —
M. Fruch.....,— Pot-de-naz, — 220,000 francs d'amende,— Bergeron et Benoit,—
Procès de la Machine infernale, etc., etc.

**85. CHARIVARI (Le). Tirage sur blanc, quarante-cinq planches,
remontées sur papier fort.**

1er janvier 1840 (avant-lettres), — Suffrage universel, 1 — Les Divorceuses, 1
— un Nouveau Nez, — la Chasse, 6 — de la Roncière, 1 — Galerie physionomique, 3 — Cours d'Histoire naturelle, 2 — Croquis de Chasse, 5, etc.

86. CHARIVARI (Le).

Grrrand déménagement du Constitutionnel, 1848, — la Tentation du nouveau
Saint-Antoine, 1849, — grand Défilé de l'Armée qui vient d'être levée pour entreprendre la fameuse expédition de Rome à l'intérieur, 1850, — grande et terrible
Croisade entreprise par les Burgraves contre les Journalistes, 1850. — Toutes
marges.

87. CARRIER-BELLEUSE, portrait charge, 1862.

88. CHATIMENTS (Les), par Victor Hugo.

Cette planche du *Charivari*, parue pendant la guerre, a été tirée chez Claye, à
quelques exemplaires, pour Victor Hugo.

**89. COPIES, imitations et contrefaçons des lithographies de Dau-
mier, quinze planches.**

90. **Dessin d'étoffe**, commandé à Daumier par M. Néson, fabricant à Rouen.

> Daumier m'a donné cette impression vers 1863 ou 1864. (*Note mansucrite de Champfleury.*)

91. **Divers**. Gravures sur bois, cent soixante-dix-huit planches remontées sur papier fort.

> Extraits du Magasin charivarique, — Physiologies, — la Némésis, — les Petits-Paris, — les Mystères de Paris, — la Comédie humaine, — les Français peints par eux-mêmes, — la Grande Ville, — Némésis médicale, — Croquis, — Notice sur le procès Robert et Bastien, — Souvenirs de Richard III, — le Monde illustré, — Paris Chantant, — Musée parisien, etc., etc.

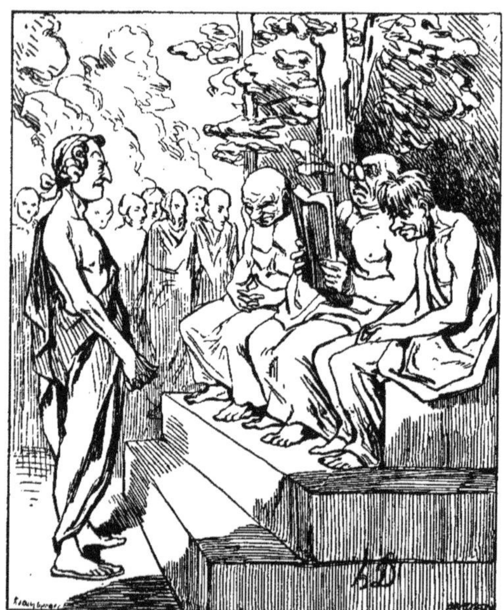

Télémaque interrogé par les Sages.
Dessin de Daumier.

92. Don Quichotte. Photographie transportée sur pierre lithographique.

93 Eau-forte. Unique essai à l'eau-forte de Daumier.

Cette tête fut dessinée sur cuivre, le 29 mai 1872, sur une plaque à laquelle travaillèrent MM. Harpignies, Taiée et Rops, pendant une soirée chez M. Charles de Bériot. (*Note de Champfleury.*)

94. Histoire Ancienne, 2ᵉ série. *Paris s. d.*, in-4, cart. couv. imp.

95. Histoire Ancienne. Cinquante planches hors texte montées sur papier fort.

MM. Viennet, Patin, Vatout, Cuvillier-Fleury, Saint-Beuve et autres victimes du *Charivari*, sont accusés d'avoir composé les légendes en vers de ces dessins railleurs. La planche nᵒ 22, dédiée par Daumier « *A mon Ami Albéric Second* » révèle le véritable auteur de ces facéties.

96. Journal Amusant, 1864-1865. Epreuves Gillot, sans légendes.

Trente-neuf pièces.

97. Juges des accusés d'Avril, 1834.

Trois planches, format double à trois portraits par feuille, qui sont : MM. Portalis, Bassano, Montlosier, de Sémonville, Robert-Macaire, Rœderer, Girod de l'Ain, Rousseau, l'amiral Verhuel.

98. Mœurs Conjugales. Le Compliment, 1839.

Toute marge, sur Chine avant la lettre.

Nous nous sommes bien amusés.

Toute marge. — Deux pièces.

99. Pastorales. Cinquante planches hors texte, montées sur papier fort.

100. Question des loyers, 1871.

Cette feuille parue dans *Le Charivari*, le 3 avril 1871, est composée de deux planches en regard, l'une avec le sous-titre : *Décret de la Commune :* Liquidation générale, l'autre intitulée : *Projet Dufaure, Arbitrage amiable.*

101. Réjouissances (Les) de Juillet... vues de Sainte-Pélagie,
1835.

Toute marge, sur Chine.

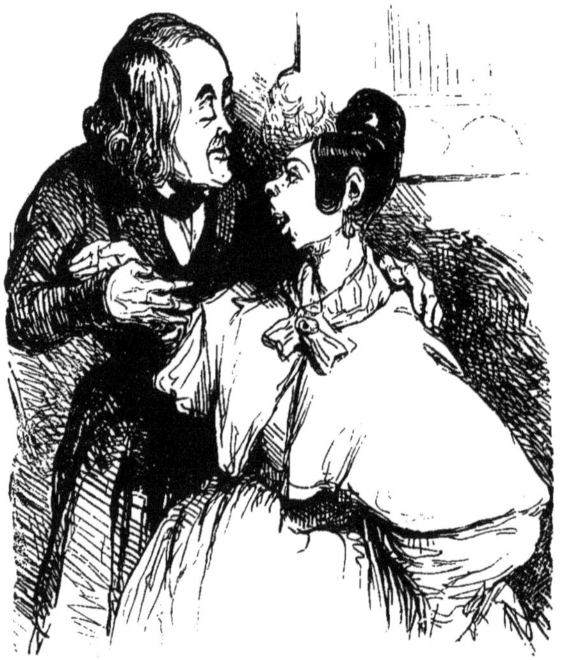

Un Antony des Batignolles.
Croquis, par Daumier.

102. Représentants représentés (Les). M. Pascal Duprat.

Épreuve avant toute lettre qui devait faire partie de la série des *Représentants
Représentés*; mais la pierre ne fût pas tirée, et on ne connaît que cet exemplaire.

103. Représentants représentés (Les). Le Sauvage Bineau.

Cette épreuve qui devait paraître dans *Le Charivari* du 30 novembre 1848, fut remplacée dans la série par un autre portrait. (*Note manuscrite de Champfleury.*)

104. Souvenir de Sainte-Pélagie. *Charivari*, 1834, tirage sur blanc.

Toute marge.

105. Souvenir de Sainte-Pélagie. *Aubert*, 1834.

Toute marge, sur Chine. C'est la même composition publiée par *Le Charivari*, que Daumier reprit et développa.

Trois camarades de prison de l'artiste, le graveur Lerouge, l'avocat Landon et le romancier Masse posèrent pour ce sujet, conçu et exécuté par un maître dans l'art de la lithographie. Les épreuves tirées sur Chine, sont de toute rareté. On n'en connaît qu'une dans la collection de Champfleury ; peut-être Daumier n'entreprit-il cette pièce que pour l'offrir, à titre de souvenir de prison, à ses compagnons de captivité dont il avait fait le portrait, en manière de tableau de genre.

106. Titres de Romances. L'Esprit frappeur, — Pauvres Hommes !

Ce sont les deux seules romances que Daumier ait illustrées. Deux pièces.

107. Types Parisiens. Cinquante planches hors texte, montées sur papier fort.

108. Les Voleurs et l'Ane, lithographie.

109. Actualités, 1840-1871. Huit cent dix planches extraites du *Charivari*, et deux cent trente-neuf hors texte. Ensemble mille quarante-neuf pièces, en six portefeuilles.

Evénements du jour,— Cancans de l'après-midi,— Inventions, — Découvertes, — Bruits de la rue, — Regards à l'extérieur, — Souffle républicain puissant, — Rancunes de parti, — Amour de la patrie, — Misères de la guerre, — Grondements sourds aux approches de renversements du Ministère et de coups d'Etat, — Badauderies, — Pleurs sur la décadence de la Nation. Tout cela est mêlé dans cette tragi-comédie où le grand coudoie le trivial, où la satire d'Aristophane descend parfois jusqu'à l'inanité du reportage. Si dans quelques planches le talon d'Achille se laisse entrevoir, la lance du combattant n'en distribue pas moins de formidables coups. Tout l'œuvre de Daumier se résume dans ces *Actualités* à la fois puissantes et bourgeoises, si le crayon ne relevait en de certains endroits la banalité du sujet commandé. On y trouve la massue du maître et des égratignures de petite portée. L'inspiration s'y mêle à des instants de fatigue, des cris de révolte et de résistance s'en échappent et le vieux lion rugit encore pendant la guerre de 1870-71. On compte mille quarante-neuf planches des *Actualités* dans la collection Champfleury, il en manque peut-être quelques feuilles. Un volume entier devrait être consacré à cette série dont les numéros ont été répétés sept fois sur certaines feuilles. (*Champfleury, Catalogue de l'Œuvre de Daumier.*)

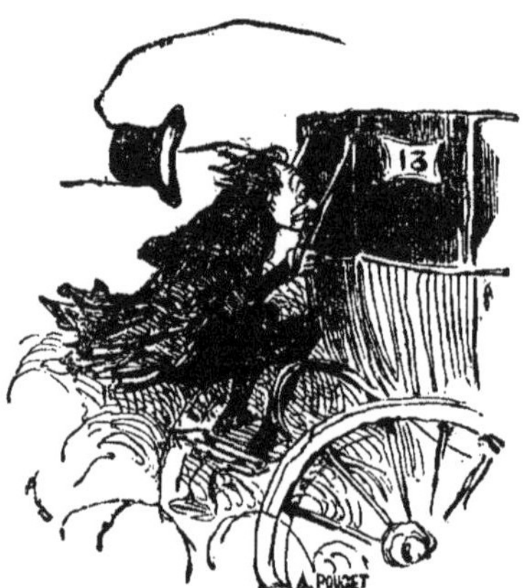

Scènes de la Vie Conjugale.
Croquis, par Daumier.

110. Agréments des Chemins de fer (les), 2 — A la Brasserie, 4 — les Alarmistes et les Alarmés, 7 — A la Varenne-Saint-Maur, 1 — les Amis, 9 — les Annonces, 2 — l'Annonce et la Réclame, 2 — Après le Bain, 1 — A propos du Club des Pêcheurs à la ligne, 1 — les Artistes, 5 — les Artistes à la campagne, 2 — les Artistes contemporains : Henry Monnier, 1 — Association pour l'Exploitation de l'Humanité, 1 — A travers les Ateliers, 1 — Au bal Masqué, 1 — Au Camp de Saint-Maur, 5 — Au Musée du Louvre, 1 — Au Palais, 2 —

Au Restaurant des Frères Provenceaux, 1 — Au Salon, 1 —
Aux Bains de Mer, 6 — Aux Courses, 1 — Aventures de
Jean-Paul Chopard, 5 — Avocats et les Plaideurs, 4.

Baigneurs (les), 29 — les Baigneurs, 10 — les Baigneuses,
dix-sept planches sur papier blanc — les Bains Froids, 2 —
Bals de la Cour, 6 — les Banqueteurs, 10 — Les Bas-Bleus,
40 — les Beaux Jours de la Vie, 100 — les Bohémiens de Paris, 28 — les Bons Bourgeois, 81 — Les Bons Bourgeois, 5
— les Boursicotières, 3.

Campagne en Hiver (la), 1 — les Canichomanes, 1 — les
Canotiers Parisiens, 20 — Caricatures du Jour, 19 — Carica-
ture Politique, 3 — la Caricature Provisoire, 14 — le Carna-
val de 1858, 1 — les Carottes, 6 — Célébrités de la Caricature, 1
— Ces Bons Bourgeois, 1 — Ces Bons Parisiens, 9 — le
Chapitre des Interprétations, 10 — la Chasse, lithographie à
la plume, 17 — la Chasse, 12 — Ces Bons Parisiens, 2 — les
Chemins de Fer, 16 — les Chemins de Fer, 1855-58, 3 —
Chimères de l'Imagination, 1 — Les Chinois de Paris, 2 —
les Cinq Sens, 5 — Croquades, 2 — Croquis Politiques, 1 —
Croquis Aquatiques, 20 — Croquis Champêtre, 1 — Croquis
Charivariques, 1 — Croquis d'Automne, 2 — Croquis d'Au-
tomne, 6 — Croquis de Bourse, 6 — Croquis de Chasse, 41
— Croquis d'Eté, 56 — Croquis d'Expressions, 51 — Croquis
d'Hiver, 6 — Croquis Dramatiques, 15 — Croquis Dramati-
ques, 4 — Croquis Dramatiques, 3 — Croquis du Jour, 5 —
Croquis Equestres, 1 — Croquis Musicaux, 17 — Croquis, 1
— Croquis, types d'Avocats, 1 — Croquis Parisiens, 102 —
Croquis pris à l'Exposition, 5 — Croquis pris au Salon, 10
— Croquis pris au Théâtre, 9 — Croquis variés, 1 — les Cochers de Paris, 2 — la Comédie Humaine, 5 — la Comédie
Humaine, 1853, 2 — les Comédiens de Société, 16 — la Co-
mète de 1857, 10 — Coquetterie, 10 — Cours d'Histoire Na-
turelle, 12 — Cranioscope, 1.

Dans la salle des Ventes, 1 — Dialogues Parisiens, 1 — les Divorceuses, 6 — Doubles Faces, 6 — les Douze Mois, 3.

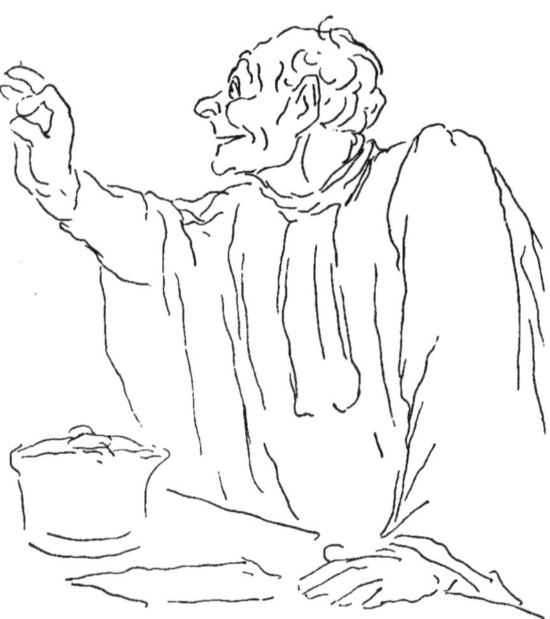

Avocat.
Croquis de Daumier.

Éducation au Biberon (l'), 1 — Emotions Champêtres, 1 — Emotions de Chasse, 30 — Emotions de Voyage, 1 — Emotions Parisiennes, 51 — En Carnaval, 1 — En Chemin de Fer, 6 — En Chine, 27 — Enfantillage, 1 — Enfantillages, 6 —

— En Italie, 1 — En Vendanges, 5 — Etienne Joconde, 1 —
les Etrangers à Paris, 20 — Etudes Musicales, 5 — Exposition de 1859, 9 — l'Exposition des Animaux, 4 — l'Exposition universelle, 41.

Faiseurs d'Affaires (les), 3 — Fantaisies de la Caricature, 6
— Fantaisies, 1 — les Femmes Socialistes, 10 — Fête des
Environs de Paris, 1 — Fête du Village voisin, 5 — Flagor-
neries Commerciales, 1 — Flibustiers Parisiens, 6 — Floue-
ries Modernes, 1 — la Fluidomanie, 12.

Galerie Physionomique, 25 — Gazette des Enfants, 3 — les
Gens de Justice, 38 — les Gentilhommes Campagnards, 1 —
Grande Exposition de l'Industrie et des Blagues Contempo-
raines, 1.

Habitués des Cafés (les), 1 — les Hippophages, 10.

Idylles Parlementaires, 16 — l'Imagination, 18 — Impressions nautiques, 1 — Infirmités Humaines, 1.

Jolis Chasseurs (les), 3 — les Joueurs de Billard, 13 — la
Journée du Célibataire, 12 — Juges des Accusés d'Avril, 3.

Locataires et Propriétaires, 48.

Madeleine-Bastille, 1 — Masques de 1831, 1 — la Mère de
Famille, 1 — Mésaventures et Désappointements de M. Gogo, 4
— Messieurs les Bouchers, 3 — Messieurs les Cochers, 1 —
Messieurs les Concierges, 1 — Mœurs Conjugales, 60 — les
Moments difficiles de la vie, 7 — Monomanes, 8 — les Mu-
siciens de Paris, 6.

Naïvetés, 4 — Nos Troupiers, 2 — Nouveau Paris, 1.

Orang-Outangs (les), 3.

Papas (les), 22 — Paris, la Salle des Pas-Perdus, 1 — Paris dans l'eau, 2 — Parisienneries, 1 — les Parisiens, 6 — les Parisiens à la Campagne, 1 — les Parisiens en 1848, 3 — les Parisiens en 1852, 11 — les Parisiens en Voyage, 1 — Paris l'Eté, 5 — Paris l'Hiver, 9 — Paris qui boit, 6 — Paris qui mange, 1 — les Paysagistes, 3 — les Paysagistes en Hiver, 1 — la Pêche, 7 — Pendant l'Armistice, 2 — Petites Macédoines d'Aubert, 4 — les Philantropes du Jour, 34 — Physionomie de l'Assemblée, 31 — Physionomies des Chemins de Fer, 10 — Physionomies du Palais de Justice, 1 — Physionomies prises au Chemin de Fer, 1 — Physionomies tragico-classiques, 15 — Physionomies Tragiques, 11 — la Pisciculture, 6 — les Plaisirs de la Campagne, 4 — les Plaisirs de la Chasse, 2 — les Plaisirs de Villégiature, 8 — les Plaisirs de l'hiver, 6 — les Plaisirs des Champs-Elysées, 3 — les Portiers de Paris, 5 — la Potichomanie, 8 — les Pratiques des Marchands de Paris, 6 — Premier Avril, 1 — Prière Royale, 1 — Professeurs et Moutards, 32 — Profils Contemporains, 4 — Proverbes de Famille, 2 — Proverbes et Maximes, 12 — les Provinciaux à Paris, 1 — le Public à l'Exposition, 3 — le Public au Salon, 11.

Quand on a du Guignon, 11.

Raisins Malades (les), 7 — la Régénération de l'homme par la Gymnastique, 3 — Réjouissances Publiques et Privées, 1 — les Représentants représentés, 52 — les Représentants représentés, Assemblée Législative, 37 — Revue Caricaturale, 6 — Revue des Peintres, 2.

Sage-Femme, 1 — Salle des Ventes, 1 — Salon de 1834, 2 — Salon de 1840, 1 — Salon de 1841, 2 — Salon de 1842, 1 Salon de 1857, 7 — les Saltimbanques, 2 — Scènes Conjugales

(nouvelle série), 1 — Scènes d'Ateliers, 4 — Scènes de la Vie de
Province, 3 — Scènes Familières, 2 — Scènes Grotesques, 6
— Scènes Parisiennes, 5 — Scènes Parlementaires, 5 — Sen-
timents et Passions, 4 — Série Politique, 7 — Silhouettes, 8
— Société d'Acclimatation, 9 — Soirées Parisiennes, 1 — Sou-
venir du Grand Festival des Orphéonistes, 1 — Souvenirs du
Congrès de la Paix, 6 — les Spéculateurs, 1 — les Spirites, 3
— les Supplices de la Civilisation, 3.

Théâtre du Palais-Royal, 1 — Théâtre du Vaudeville, 1 —
Tout ce qu'on voudra, 89 — la Tragédie, 3 — les Trains de
Plaisirs, 15 — Traquenards Politiques, 1 — Types et Phy-
sionomies, 3 — Types Français, 11.

Un Croquis au Salon, 1 — Un Repas d'Hippophages, 1.

Voyage en Chine, 32 — Vulgarités, 10.

Formant cinq cent vingt-neuf planches hors texte et quinze cent cinquante-
huit planches extraites du *Charivari*, *Journal Amusant*, *Monde Illustré*, etc.,
remontées sur papier fort. Ensemble deux mille quatre-vingt-sept pièces en quatorze
portefeuilles.

111. Portraits et Portraits-charges de Daumier, onze pièces par
Feuchère, Benjamin, dessin à la mine de plomb, d'après le médaillon des David d'Angers, Carjat, Bernais, Boulard, Dar-
jou, etc.

DECAMPS.

112. Dix-sept lithographies et gravures dont quatre pièces originales : le Turc, essai de lavis sur pierre, — une pièce de la Caricature : Voilà ce qui vient de paraître, — deux titres de romances, dont la Fiancée du Klepthe, musique de Théodore Labarre.

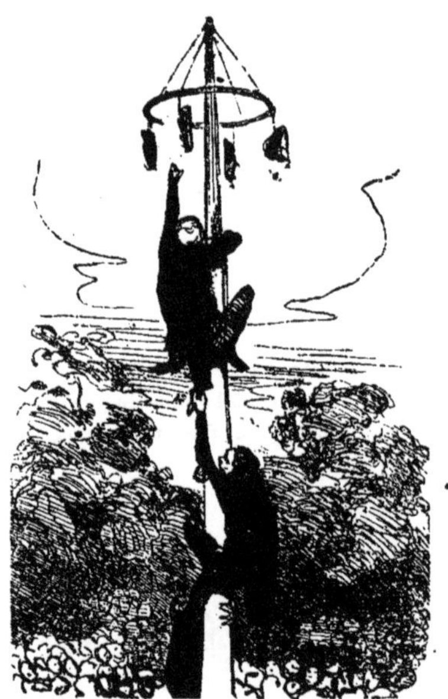

Le Mat de Cocagne des Ambitieux.
Dessin, par Daumier.

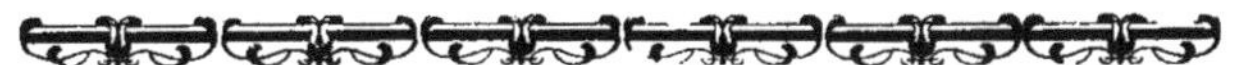

DELACROIX

113. *Le Fantôme ?* Fantaisie dans le genre de Goya.

Aquatinte, pièce en hauteur 190 mil-130 mil, à gauche une figure la tête couverte se présente devant une femme assise à gauche tenant son enfant sur ses genoux, qui rejette de côté ses bras en signe de peur.

Epreuve de toute rareté, n'ayant jamais été cataloguée, peut-être unique.

114. *Portrait équestre du comte Edouard de Colbert*, Colonel du régiment de lanciers rouges Hollandais.

Aquatinte de premier état, pièce en hauteur 218 mil-180 mil. Epreuve de toute rareté, toutes ces épreuves venant de Pierret, l'ami de Eug. Delacroix, sont des pièces irrécusables et par leur état de rareté, des pièces de choix.

Cette pièce et la suivante, sont peut-être les seules épreuves de cette aquatinte d'un grand intérêt.

115. *La même estampe*, avec des retouches à la pointe.

2ᵉ état, dans la marge du haut un croquis pour essayer la pointe.

116. *Planche à quatre sujets*, lithographie.

A gauche, un Paysage, vue de Champrosay, par F. Villot ; à droite, deux hommes jouant aux échecs ; à gauche, dans le bas, un Paysage ; à droite, des croquis à la plume de la main de Eug. Delacroix.

Cette épreuve doit être de toute rareté.

117. *Croquis* à l'eau-forte, gravé sur un en-tête de lettre officielle ; au centre, E. Dela Aurore.

Pièce très rare. — Robaut, 2. (¹).

118. *Chasse à Courre*, aquatinte d'après le dessin de Auguste, prix de Rome en 1816.

Epreuve grandes marges, peut-être unique. — Robaut, 3.

---

(1). L'œuvre complet de Delacroix catalogué et reproduit par Alfred Robaut. — Charavay frères, 1885.

119. *L'Esclave favorite de l'Ambassadeur de Perse*, lithographie.

    Très très rare. Grandes marges. — Robaut, 11.

120. *La Consultation*, lithographie, caricature *le Miroir*, mars
1820.

    Belle épreuve à grandes marges. — Robaut, 31.

121. *Un bonhomme de lettres en méditation*, caricature *le Miroir*, 27 juin 1821. Titre du bas : Dans quel siècle sommes-
nous !!! Lithographie.

    Robaut, 42.

122. *La même estampe.*

    La pierre retouchée, les lettres sont refaites et le nom de l'imprimeur est à
gauche. — Robaut, 42.

123. *Assasinat de l'Evêque de Liège*, lithographie de Mouilleron.

    Robaut, 195.

    Grec Blessé, lithographie de Jean Gigoux.

    Robaut, 81.

124. *Nègre à cheval*, lithographie signée à gauche E. D.

    Belle épreuve, grande marge. — Robaut, 86.

125. *Macbeth consultant les Sorcières*, lithographie.

    1er état, avec les salissures sur les quatre côtés, tirée à six épreuves. Epreuve
de toute beauté, très très rare. — Robaut, 117.

126. *Même estampe*, 3e état, avec les lettres, le titre, lithographie de
G. Engelmann.

    Le titre Macbeth et au-dessous deux lignes en anglais. — Robaut, 117.

127. *Médailles Antiques*, lithographies.

    2e état. Belles épreuves. Grandes marge. Cinq épreuves. — Robaut, 144-148.

128. *Thésée vainqueur du Centaure Euryte*, lithographie.

Grandes marges, de toute rareté. — Robaut, 149.

129. *Portrait du duc de Blacas*, lithographie.

Epreuve de 1er état, avec les croquis sur les marges. Epreuve très rare, grande marge. — Robaut, 163.

130. *Portrait du baron Schwiter*, lithographie signée à gauche.

Très rare. — Robaut, 188.

131. *Croquis divers*, lithographies.

Ces croquis étaient sur la même pierre, ici nous les trouvons coupés. Les deux têtes sont les portraits de F. Soulier et Horace Raisson. Très rares. — Robaut, 192.

132. *Le Message*, lithographie d'après une aquarelle de R. P. Bonington.

Curieuse lithographie, divers croquis sur les marges. Epreuve sur Chine. Grandes marges. — Robaut, 193.

133. *La fuite du Contrebandier*, lithographie, titre de Romance.

1er état, sans aucune lettres. Epreuve sur Chine à fleur de coin. Grandes marges. Peut être unique en cet état. — Robaut, 194.

134. *Episode de la guerre en Grèce*, eau-forte de Bouruet-Aubertot.

Epreuve sur Chine, rare, cette planche n'ayant pas été terminée. — Robaut, 200.

135. *Combat du Giaour et du Pacha*, eau-forte par Bouruet-Aubertot.

Epreuve rare sur Chine. — Robaut, 202.

136. *Faust et Méphisto dans les montagnes du Hartz*, lithographie.

Epreuve du 2e état, tous les croquis sur les marges. Les salissures sur les quatre coins. Epreuve sur Chine. Grandes marges. Cette planche fait parties du *Faust* de Gœthe. — Robaut, 248.

3

137. *Turc sautant à cheval*, aquatinte.

2ᵉ état. — Robaut, 283.

138. *Turc sellant son cheval*, aquatinte.

1ᵉʳ état. — Robaut, 284.

139. *Turc sellant son cheval*, aquatinte.

Epreuve du 1ᵉʳ état, retouchée à la mine de plomb pour faire les retouches. — Robaut, nᵒ 284.

140. *La même estampe.*

2ᵉ état, avec des retouches à la pointe sèche. — Robaut, 284.

141. *Hamlet contemplant le crâne d'Yorick*, lithographie.

1ᵉʳ état. Epreuve sur Chine. Superbe épreuve avec les croquis sur les marges. — Robaut, 286.

142. *Cheval sauvage terrassé par un tigre*, lithographie.

1ᵉʳ état, avec les salissures sur les quatre marge. Epreuve de toute beauté sur Chine. On sait qu'il n'a été tiré de cette pierre en cet état que cinq ou six épreuves. Très rare. — Robaut, 288.

143. *La même estampe.*

Epreuve du 4ᵉ état, avec lettres et titres, sur Chine. Sur le coin gauche écrit au crayon lithographique le mot modèle est déchiré à moitié. — Robaut, 288.

144. *Jane Shore*, acte V, scène 11ᵉ, lithographie.

Epreuve Chine avec la lettre. Belle épreuve. — Robaut, 289.

145. *Cheval effrayé sortant de l'eau*, lithographie.

1ᵉʳ état, sans aucune lettre. Admirable épreuve de toute conservation, belle de marges. — Robaut, 290.

146. *Duguesclin*, chronique de France, lithographie.

1ᵉʳ état, sur Chine avant lettres. Epreuve de toute beauté, grandes marges. — Robaut, 302.

147. *La sœur de Duguesclin.*

Épreuve du 1ᵉʳ état. Epreuve sur Chine. — Robaut, 303.

148. *La sœur de Duguesclin*, chronique de France, lithographie.

1ᵉʳ état. Epreuve sur Chine avant toutes lettres, de toute rareté en cet état. — Robaut, 303.

149. *Front-de-Bœuf et la Sorcière*, chronique de France, lithographie.

Epreuve avant toutes lettres. Superbe épreuve sur papier blanc. Grandes marges. — Robaut, 307.

150. *Front-de-Bœuf et le Juif*, lithographie.

1ᵉʳ état, avec les croquis sur les marges. Epreuves sur Chine de toute beauté.— Robaut, 308.

151. *Tigre couché*, eau-forte.

Epreuve du 1ᵉʳ état, très très rare. — Robaut, 314.

152. *La même estampe.*

Epreuve du 2ᵉ état, la planche couverte de pointe sèche, très très rare. — Robaut, 314.

153. *Jeune tigre jouant avec sa mère*, lithographie parue dans *l'Artiste.*

Epreuve du 1ᵉʳ état de toute beauté, sur Chine. — Robaut, 366.

154. *Charles-Quint au Monastère de Saint-Just*, lithographie parue dans *Bagatelle, Journal de France.*

Superbe épreuve d'un grand éclat. Grande marge. Très rare. — Robaut, 453.

155. *Portrait de Madame F. Villot*, eau-forte.

Epreuve du 1ᵉʳ état, très rare. — Robaut, 454.

156. *Christ au Roseau*, eau-forte.

Epreuve du 1ᵉʳ état. Signature à gauche, à droite l'empreinte de l'étau qui sert à tenir la planche pour la vernir. Epreuve sur vergé très rare, le tirage pour le Cabinet de l'Amateur et de l'Antiquaire ayant été fait sur papier blanc.— Robaut, 455.

157. *Lion debout la tête baissée*, lithographie faite en 1833.

> Très très rare. — Robaut, 456.

158. *Ange agenouillé sur des nuages*, eau-forte.

> 1er état, sans trait carré, frontispice pour une suite d'eaux-fortes, resté à l'état de projet. Sur la banderole on lit : Eaux-fortes, par Eug. Delacroix.—Robaut, 457.

159. *Seigneur Vénitien tenant une épée*, eau-forte.

> 1er état. Epreuve sur vergé. — Robaut, 458.

160. *Un forgeron*, aquatinte.

> Epreuve du 1er état avec l'oiseau dans le coin à gauche et dans celui du haut à droite une académie d'homme. Epreuve sur vergé, très très rare en cet état. — Robaut, 459.

161. *La même estampe.*

> 2e état, les croquis des marges effacés. — Robaut, 459.

162. *Soldat Allemand*, eau-forte.

> Epreuve du 1er état, sans trait carré, signé à gauche, le personnage seul sur la planche; dans les états suivants : un cheval sur la droite, dont le cavalier tient la bride, dans le fond, à gauche, des figures de soldats. — Robaut, 460.

163. *Costumes de Tanger*, autographie à la plume par Eugène Delacroix.

> Au bas le titre, Costumes de Tanger, sans trait carré. Grandes marges. — Robaut, 460.

164. *Une Juive d'Alger*, eau-forte signée à gauche en haut.

> Epreuve du 1er état. — Robaut, 461.

165. *Arabes d'Oran*, eau-forte.

> 2e état, avec le trait carré et le titre au bas de la planche. Belle épreuve. — Robaut, 462.

166. *Etude de femme vue de dos*, eau-forte signée à gauche en haut, épreuve sans trait carré.

> 1er état, très rare. — Robaut, 463.

167. *Méme estampe.*

Epreuve du 2e état, avec des travaux de pointe sèche ajoutés, très rare. — Robaut, 463.

168. *Arabes causant*, autographie par Eugène Delacroix.

Epreuve de 1er état, au-dessous du dessin un ornement, on distingue une figure d'enfant. — Robaut, 471.

169. *Muletiers de Tetouan*, autographie à la plume par Eugène Delacroix.

Epreuve grandes marges. — Robaut, 474.

170. *Femmes d'Alger*, autographie à la plume par Eugène Delacroix.

Epreuve de 1er état. — Robaut, 479.

171. *Femmes d'Alger dans leur appartement*, eau-forte de Célestin Nanteuil.

Belle épreuve de cette rare eau-forte sur Chine. — Robaut, 482.

172. *Chef maure à Mékinez*, eau-forte.

2e état publié dans les *Artistes Contemporains*. — Robaut, 493.

173. *Portrait en pied de Rabelais*, eau-forte par Célestin Nanteuil parue dans le musée de Alexandre Decamps.

Très belle épreuve de cette rare eau-forte sur Chine, à grandes marges. — Robaut, 558.

174. *Le Prisonnier de Chillon*, lithographie de Alophe publiée dans *l'Artiste*.

Robaut, 561.

175. *Rencontre de Cavaliers Maures*, eau-forte avec trait carré.

Epreuve sur Chine. Les épreuves de cette planche, surtout de belles épreuves comme celle-ci sont très rares, le tirage fait pour le musée d'Alexandre Decamps ayant été imprimé par report sur pierre. — Robaut, 562.

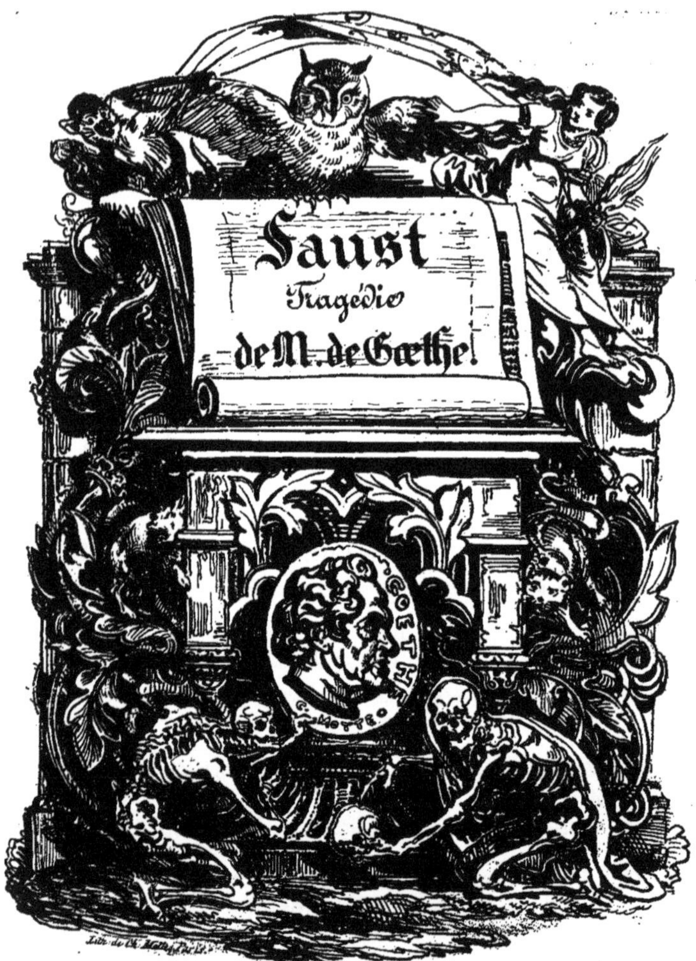

228. *Théâtre de Polichinelle des Tuileries.*

Affiche lithographiée, très rare. Epreuve sur Chine. — Thibaudeau et Malassis, 159.

229. *La tête du Supplicié*, eau-forte.

Petite pièce. — Thibaudeau et Malassis, 118.

230. *Procession dans une Eglise espagnole.*

Epreuve sur Chine velouté, d'une grande valeur artistique. Il faut noter que presque toutes les eaux-fortes de Legros n'ont été tirées qu'à très peu d'épreuves, que ces planches sans accusages n'ont pas donné un grand nombre d'épreuves. Donc, presque des raretés. — Thibaudeau et Malassis, 49.

231. *Bérénice*, n° 2, eau-forte.

Belle épreuve sur vergé. Sujet tiré des histoires extraordinaires de Edgard Poé. — Thibaudeau et Malassis, 152.

232. *La Pêche à la Truble*, eau-forte sur grand vergé.

Pièce admirable de l'œuvre de Legros. On sent les vapeurs du coucher du soleil. Eau-forte de maître. — Thibaudeau et Malassis, 90.

233. *Le Voleur de Poires*, sujet tiré de la légende du bonhomme Misère.

Grande marge sur fort papier vergé. — Thibaudeau et Malassis, 138.

234. *Le Mouton retrouvé*, eau-forte.

Grandes marges, sur fort papier vergé, étonnante eau-forte de lumière, obtenue par les travaux les plus simples. Belle pièce. — Thibaudeau et Malassis, 86.

235. *La Mort et le Bûcheron*, eau-forte tirée en bistre.

Grandes marges, fort vergé. Une deuxième épreuve, la planche fortement coupée. — Thibaudeau et Malassis, 141, 142.

236. *Le Coup de Vent*, eau-forte sur papier fort vergé.

Grande marge. Eau-forte d'une magistrale exécution, pièce remarquable. — Thibaudeau et Malassis, 109.

237. *La Mort du Vagabond,* eau-forte sur beau vergé fort.

Superbe épreuve, grandes marges. — Thibaudeau et Malassis, 89.

238. *Ombre,* eau-forte sur vergé.

Sujet tiré des histoires extraordinaires de Edgard Poé. — Thibaudeau et Malassis, 149.

239. *Le Paysage broussailleux,* eau-forte sur Chine.

Thibaudeau et Malassis, 98.

240. *La vérité sur le cas de M. Valdemar,* eau-forte sur vergé.

Sujet tiré des histoires extraordinaires de Edgard Poé. — Thibaudeau et Malassis, 150.

241. Quatre photographies, d'après des peintures et des aquarelles.

LE NAIN.

242. Suite de six gravures au burin.

243. Réunion de vingt pièces sur ces peintres intéressants.

Il serait difficile de retrouver aujourd'hui certaines pièces très curieuses. Cette réunion est intéressante. Rare, le portrait gravé par Bonvin, — le Vieillard complaisant, — le Maréchal-ferrant, de l'ancien cabinet Choiseuil, aujourd'hui au Louvre.

LEPÉRE.

244. *Le Repos du Dimanche.*

Superbe épreuve sur Japon, d'après Vierge.

MANET

245. *Chat près d'un vase de fleurs.*

Très belle épreuve sur Japon. Grande marge. Cette planche a paru dans la grande édition des Chats de Champfleury, 1870.

246. *Danseuse espagnole*, eau-forte.

Au bas le quatrain de Baudelaire.

247. *Promenade en Espagne*, eau-forte.

248. *Don Mariano Camprubi du Théâtre de Madrid*, eau-forte.

249. *L'Enfant du Panier*, eau-forte.

250. *Polichinelle*, épreuves en couleur. Lithographie.

Avec les vers de Th. de Banville. Il n'a été tiré de cette planche que quelques épreuves sans les vers. Le tirage a été fait à cinquante épreuves, les pierres furent effacées après.

251. *Les Chats*, par Champfleury.

Lithographie pour l'affiche. Epreuve d'une grande rareté, tirée sur la pierre. Les affiches ayant été tirées sur un zinc obtenu d'après la pierre. Epreuve sur Chine. Grande marge.

252. *L'Enlèvement d'un Ballon*, lithographie.

Très rare.

253. *Au Paradis*, report d'un dessin à l'encre.

254. *Plainte mauresque*, titre du morceau pour guitare, par S. Bosch, lithographie.

MARTIAL.

255. Lettre sur l'eau-forte.

Suite de quatre eaux-fortes, avec texte dans sa couverture.

MEUDON.

256. Soixante-cinq pièces, — *Bellevue*, dix-neuf pièces, — le *Val-Fleury*, neuf pièces. Ensemble quatre-vingt-treize pièces montées sur papier fort, eaux-fortes, lithographies, etc.

MERYON.

257. *Les Armes de la Ville de Paris*. Eau-forte.

258. *Une rue à Bourges*. Eau-forte.
Belles marges, avant toutes lettres.

259. *Rue Pirouette*. Eau-forte.
· Belle épreuve sur beau papier.

260. Planche à deux sujets : *Une Marine, d'après Zeman, — la Brebis allaitant son Petit*. Eau-forte.

HENRY MONNIER

SON ŒUVRE

261. PORTRAITS D'HENRY MONNIER.

Le père d'Henry Monnier, d'après un dessin, 1839, — son portrait, par Gavarni, — son portrait par lui-même, — autres, par Carjat, Aimé Millet, Eugène Lami, etc. — Dix pièces, dont une en couleur, lithographies, gravure à l'eauforte ou sur bois.

262. PORTRAITS symbolisés par Monsieur Prudhomme, de Ch. Geoffroy, Durandeau, And. Gill, etc.

Onze pièces, dont trois en couleur.

263. AMARANTE (L'), par de Calvimont, 1832. Vignette.

CODE DU COMMIS-VOYAGEUR, 1830. Vignette.

SCÈNES CONTEMPORAINES, par la vicomtesse de Chamilly, 1828. Deux vignettes.

MANUEL DU MARIÉ, 1828. Vignette.

Cinq pièces, dont une en couleur.

264. CARICATURE (LA). *Lithographie de Delaporte, chez Aubert.*

Une Victime de l'ancien système, — la Marmite renversée, — le Voilà revenu sur l'eau, — Danse fantastique, — Ma Femme ne m'attend pas, — on vous donnera sur les doigts, Messieurs les Libéraux. — Six pièces en couleur.

265. CARICATURE (LA), n° 19.

Un Ami du Peuple. — Une pièce.

266. Caricature (La).

Ces Gens-là, M. le Comte, ne tiendront pas deux jours, — une Victime de
l'ancien système, — Danse fantastique, — la Marmite renversée, — Avant, pendant et après, — le Voilà revenu sur l'eau, — Bonaparte est mort comme vous, —
un Inamovible, — les Aboyeurs du lendemain, — Reddition de comptes. — Dix
pièces en noir.

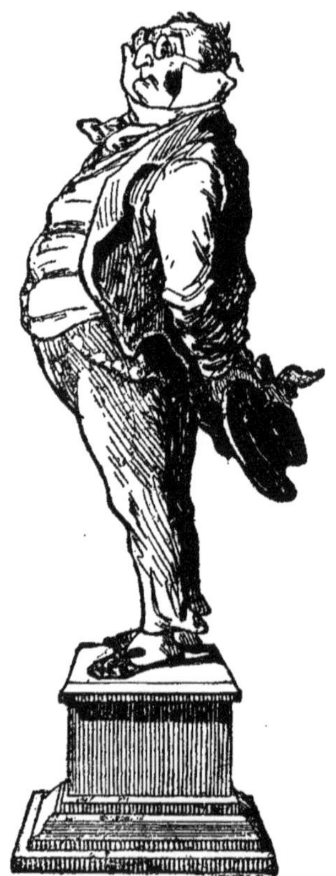

Projet de Monument à élever à la mémoire de Monsieur Prudhomme.

267. Chansons de Béranger. Grand format.

Bon Vin et Fillette, — le vieux Célibataire, — l'Hiver, — Charles VI, — ce n'est plus Lisette, — l'Aveugle de Bagnolet. — Sept pièces, dont une en couleur.

268. Chansons de Béranger.

L'Aveugle de Bagnolet, — la Bonne Fille, — la Bonne Vieille, — le Bon Vieillard, — bon Vin et Fillette, — la Bouquetière et le Croque-mort, — les Cartes, — la Chatte, — le Commencement du Voyage, — les Deux Grenadiers, — l'Éducation des Demoiselles, — l'Exilé, — la Fuite de l'Amour, — la Gaudriole, — Ma Grand'Mère, — les Gueux, — l'Habit de Cour, — les Hirondelles, — Madame Grégoire, — Le Maître d'École, — la Marquise de Pretintaille, — la Mère aveugle, — le Nouveau Diogène, — le Petit Homme gris, — Requête des Chiens de qualité, — Roger Bontemps, — le Roi d'Yvetot, — le Sénateur, — les Souvenirs du Peuple, — le Tailleur et la Fée, — Vieux Habits! vieux Galons! — le Vieux Sergent, — le Violon brisé, — la Vivandière, — le Voyageur. — Trente-cinq pièces, dont vingt-sept en couleur.

269. Contrastes. *Lithographie de Delpech.*

Six pièces, tirées en bistre et qui ne furent pas coloriées. Deux dessins à la page.

270. Distractions. *Lithographie de Delarue*, 1832.

Portraits, — Madame est encore sortie, — Traditions populaires, — un bel homme. — Trois pièces en couleur.

271. Esquisses parisiennes. *Lithographie de Delpech*, 1827.

Les Politiques, — Esquisses morales et philosophiques, — Madame Ledru, je suis devenu terriblement puissant. — Deux pièces en couleur.

272. Exploitation générale des modes et ridicules de Paris. *Lithographie de Senefelder.*

Pauvre cousin, regarde ton habit, — les Extravagances. — Deux pièces en couleur.

273. Feuilles diverses ayant trait au théâtre. Portraits de comédiens, de compositeurs, etc.

Théâtre du Vaudeville, Mᵐᵉ Vautrin, — second Théâtre-Français, le Bourgeois grand seigneur, — Louis Monrose, dans le baron Lafleur, — Romainville, dans Van-Bruck, — Bernard, — Léon, dans la Mansarde des Artistes, — Gardes, — Muette de Portici, — Panseron, — Foyer des Artistes. — Douze pièces, dont deux en couleur.

274. GALERIE THÉATRALE. *Paris, chez Gaugain et Ardit.* Nᵒˢ 1, 2, 3, 6, 13, 14 et 21.

Sept pièces, dont cinq en couleur.

275. GRISETTES (LES), dessinées d'après nature. *Publié par Gaugain et Cie*, 1829.

1 (deux épreuves), — 2, 3, 4 (deux épreuves), — 5 (deux épreuves), — 6, 7, 8 (deux épreuves), — 9, 10, 10 *bis*, 11, 12, 13, 14 (deux épreuves), – 15, 16, 17, 18 (deux épreuves), — 19 (deux épreuves), — 20, 21, 22, 23, 24, 25, 26, 27, 28, 29, 30, 31, 32, 33 (deux épreuves), — 34, 35 (deux épreuves), — 36, 37, 38, 39, 42.
— Cinquante pièces coloriées, plus un titre en couleur. Quelques-unes des pièces doubles montrent les diverses colorations employées par Henry Monnier pour des modèles de lavis à l'aquarelle.

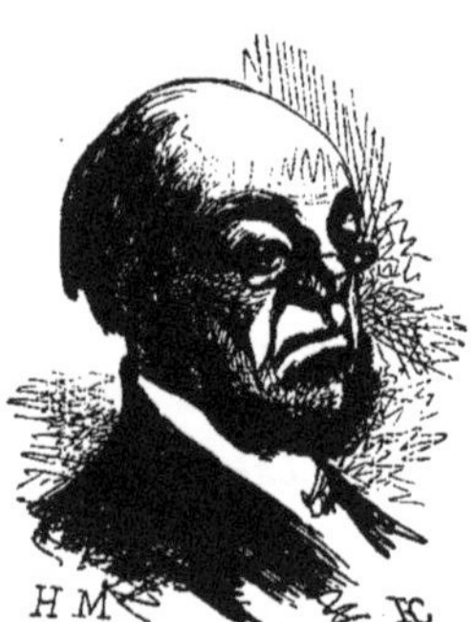
Croquis d'après nature.
par Henry Monnier,

276. GRISETTES (LES). *Chez Delpech*, 1829.

Couverture, — Lithographie à la plume, — Visite des habitués, — Toilette, Préparatifs pour la promenade, — Surprise, arrivée d'une personne, — Invitation à déjeûner, — Conclusion. — Six pièces en noir.

277. IMPRESSIONS DE VOYAGE. *Imp. Aubert*, 1839.

Petite Réunion de Famille, — les Voisins de Campagne, — grande Réception à la Préfecture, — les Gros Bonnets du Pays, — les Mécontents, — la Sortie de l'Audience, — Souvenirs du théâtre royal de Constance. — Sept pièces, dont six en couleur.

278. Jadis et Aujourd'hui. *Paris, Delpech,* 1829.

Un Boudoir, deux planches, — une Promenade, deux planches, — les Banqueroutiers, deux planches, — la Toilette, deux planches, — une Soirée, deux planches, — Étude d'avoué, — un Procureur, — un Frontispice, lithographie à la plume. — Treize pièces en noir.

279. Journaux divers.

France Chrétienne, — Bien le Bonsoir, — la Pandore, — le Départ. France administrative, — le Directeur, — l'Autographe, — Paysanne. — Quatre pièces en noir.

280. Londres et les Anglais.

Enterrement du Peuple, — Discussion orageuse, — Enfants de paroisse, — Marché aux poissons de Billingsgate, — Club de Fermiers. — Six pièces en noir.

281. Marionnettes (Les). *Imp. lithographique de Noël.*

Un pauvre Diable paye ses bottes, — Monsieur termine sa philosophie. — Deux pièces en couleur.

282. Mœurs administratives, dessinées d'après nature. *Paris, Imp. de Delpech,* 1828.

Dix heures et demie, — Une heure, — Deux heures, — Un Jour d'audience, — M. et MM. le directeur, chefs, sous-chefs, etc. — Cinq pièces, dont trois en couleur.

283. Mœurs administratives, dessinées d'après nature. *Paris, Imp. de Delpech,* 1828.

Employé, — Sous-chef, — Chef de division, — Chef de bureau. — Quatre pièces en couleur.

284. Obscœna. Une pièce en couleur.

285. Paris-Vivant.

Chacun son tour, — les Châteaux en Espagne, — Correction paternelle, — le Dessert, — Entrée dans le Monde, — l'Espoir de sa Famille, — Petit Cousin, — Récréation, — la Romance, — un Étudiant, — une bonne Mère. — Onze pièces en noir.

286. Paris-Vivant. *Paris, Bernard et Delarue.*

Attente d'un dîner, — un bon Mari, — les Anciens Camarades, — un Étudiant, — une bonne Mère, — Mœurs parisiénnes, — une Éducation à faire. — Six pièces coloriées.

287. Petites Misères Humaines (Les). *Paris, Delpech*, 1829 (Exemplaire de dépôt).

L'Enfance, — la Jeunesse, — l'Age mûr, — la Vieillesse, — le Froid. — Cinq pièces en noir et une couverture lithographique.

288. Pièces d'essai. Deux lithographies, manière noire. *Imp. Lemercier,* 1860.

Essais lithographiques faits dans l'atelier de Gavarni et non mis dans le commerce. — Deux pièces en noir.

289. Pièces isolées. Œuvres de jeunesse.

Chacun son tour, — Proverbes n° 1, — un bon Français ne pisse jamais seul, — la Vedette Écossaise. — Trois pièces en noir.

290. Pièces isolées. Œuvres de jeunesse. *Lithographie Senefelder.*

L'Agréable Visite à Dun, — le bon Gendarme, — les Contrastes, — le Panier à deux anses. — Quatre pièces en couleur.

291. Pièces isolées. Esquisses parisiennes, 1827.

Titre, — Indiscrétion, — Mœurs parisiennes, — les Grisettes, — Petites Felicités humaines, — l'Age mûr, — les Gens sans façon, — j'ai pris la liberté, Madame, d'amener quelques Amis, — Nous venons vous demander à Dîner, — des Mendiants, — les Cochers, — Marchande de Modes, — un Café, — Apothicaire, — un Propriétaire, etc., etc. — Dix-sept pièces en noir.

292. Pièces isolées.

Voulez-vous me faire l'honneur, Mademoiselle, — un Chanteur de romances — Idée riante, — Avant dîner, — Parents de Province, — mes Jours de Danse sont passés. — Six pièces coloriées.

293. Pièces publiées a Londres. *London, lithographie Clarke.*

If J had but a partner (1825), — With much pleasure sir (1825), — Discontented, — My dear sir, hou do you do ? (1835), — I cannot maintain..... (1835). — Ibeg pardon (1827), — French postillon, — English postillon (1825). — Huit pièces en couleur.

294. Publications périodiques. Œuvre dessinée sur bois.

Environ cent cinquante pièces.

295. Quartiers de Paris.

Chaussée-d'Antin, — la Bourse, — le Faubourg Saint-Germain, — Faubourg Saint-Honoré, — le Marais, — Rue Saint-Denis, — Nos Contemporains. — Neuf pièces en noir.

296. Récréations. *Lithographie de Bernard et Delarue.* Publié à Paris par Giraldon.

Trente-cinq pièces, dont vingt-huit en couleur.

297. Silhouette (La). Album. *Lithographie de Ratier*, 1830.

Changement de Livrée, — ils sont trop chauds, Milord, — Encore celle-là, — une Bête malfaisante, — Souvenir d'Alger. — Six pièces, dont quatre en couleur.

298. Titres de romances.

La Grisette, — Histoire de l'Amour, — la Veuve du Marin, — Carrière amoureuse du Chauvin. — Quatre lithographies à la plume, dont une en couleur.

ORLÉANS (Duc d').

299. Son portrait.

Trois eaux-fortes

PANTOMIME.

300. *Deburau, Charles Deburau, Paul Legrand,* etc.

Vingt-neuf pièces montées, sur papier fort.

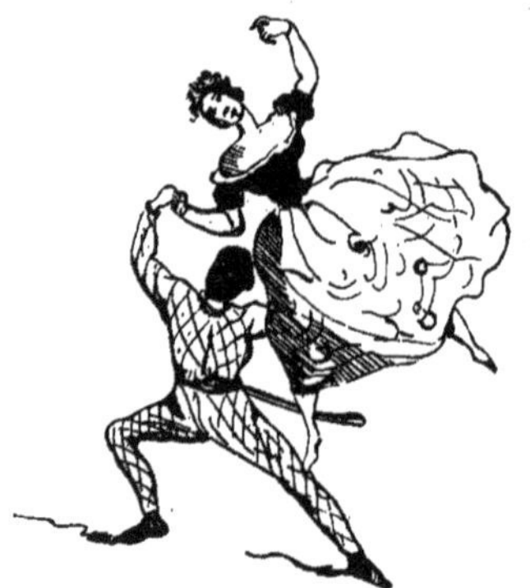

PONCIF.

301. Ayant servi à la fabrication des faïence patriotiques, reproduit dans le livre sur les faïences patriotiques de Champfleury.

Curieux souvenirs des anciennes faïences. Ce dessin au pastelle devrait avoir
sa place marquée au musée de la Manufacture de Sèvres.

PORTRAITS DE CARICATURISTES.

302. *Grandville, Philippon, Traviès, Daumier, Gavarni, Charlet,
Henry Monnier.*

Dix pièces

PORTRAIT DE DIDEROT.

303. Le portrait peint par Vanloo, gravé par Henriquez, le médaillon par Aug. de St-Aubin, le profil d'après Greuze, gravé
par St-Aubin, etc.

Sept pièces.

PORTRAITS DIVERS.

304. *Molière, Rabelais, Palissy, Voltaire, Abbé Prévost, Marmontel, Gluck, Grétry, etc., etc.*

Vingt-six pièces.

PRÉAULT ET FEUCHÈRE.

305. *Le Portrait de Préault.* Curieuse lithographie de Feuchère,
avec dédicace à son ami Lévy, par Auguste Préault.

Quatre pièces différentes, monument de Préault, lithographie, par Nanteuil et
autres

PRUD'HON ET OCONNELL.

306. Six pièces différentes, dont la lithographie : Une Lecture.

Trois eaux-fortes, dont deux épreuves signées.

RIBOT.

307. Suite de six eaux-fortes (Marmitons).

ROBAUT (Alfred).

308. Quatre épreuves de fac-similé, d'après Eug. Delacroix.

RODIN.

309. Portrait de Henri Becque. Eau-forte avant lettres.

Trois croquis réunis.

ROUX (Paul).

310. Siège de Paris, 1870-71, vues pittoresques des fortifications, dessinées d'après nature, vingt planches in-fol., dans un carton.

SAINT-CLOUD (Ville de).

311. Vues, vingt-quatre pièces, — Parc, vingt-deux pièces, — la Guerre, après la Guerre, vingt-cinq pièces, — Vues, Evénements historiques, quarante-sept pièces, — Fêtes et régates, Saltimbanques, vingt pièces,— Environs, Mont-Valérien, etc., six pièces, — Ville-d'Avray, vingt-neuf pièces, — Chaville, Garches, Vaucresson, etc., seize pièces. Ensemble, cent quatre-vingt-dix pièces, eaux-fortes, lithographies, gravures sur bois, soigneusement montées sur papier fort.

SARDOU (Victorien).

312. La Maison de Bernard Palissy, gravure à l'eau-forte.

> Pièce de l'époque où M. Sardou, médium du groupe du libraire Didier, traçait avec la pointe des caprices calligraphiques inspirés, disait-il, par l'esprit de Bernard Palissy.

SEPT DESSINS DE GENS DE LETTRES.

313. MM. Victor Hugo, P. Mérimée, Ed. et J. de Goncourt, Ch. Baudelaire, Th. Gauthier, Ch. Asselineau, fac-similés par Aglaüs Bouvenne, texte de Ch. Asselineau, Ph. Burty, P.-Malassis, Alexis Martin, Maurice Tourneux. *Paris, Rouquette*, 1874, in-fol. cart., couv. imp.

SÈVRES (Ville de).

314. Eaux-fortes, dessins, photographies, affiches, etc. Environ soixante pièces montées sur papier fort.

SEVRES.

315. Manufacture ancienne et nouvelle, eaux-fortes, dessins,
lithographies, etc. Trente-sept pièces montées sur papier fort.

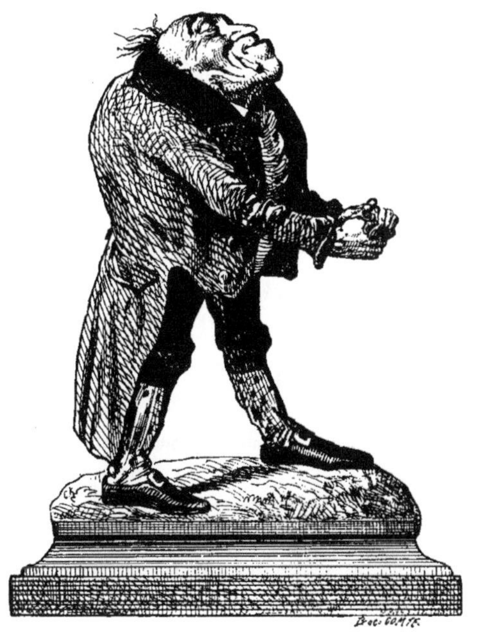

Projet de statue à élever à Monsieur Mayeux.
Dessin de Traviès.

SEYMOUR-HADEN.

316. Vue de Windsor.
Eau-forte. Belle épreuve.

317. In the park.

Eau-forte.

THÉATRE.

318. Portraits de comédiens, — Scènes et Caricatures de théâtre, — Chanteurs des rues, etc.

Joly, par Carle Vernet, — Potier, rôle de Pinson, — les Bolivards et les Moril-
los, — Nous jurons de faire baiser la toile, — les Chanteurs ou les Musards du
quai, — les Marionnettes, etc., etc. — Trente-trois pièces.

TRAVIÈS.

319. Mayeux et Robert Macaire.

Six pièces en noir. Série complète.

320. Mayeux. Nos 1, 10, 24, 30 et 38.

Cinq pièces coloriées.

321. Mayeux. Lithographie diverses. Quatorze pièces en noir.

322. Mayeux, *s. l. n. d.*, trente-six planches coloriées, in-12, cart.

VILLEVIELLE.

323. Suite de dix eaux-fortes avec la couverture, *chez Cadart*,
1864.

VILLEVIELLE, — MARVY (L.),
MEISSONNIER, — ROUSSEAU (Th.),
ROUX (Paul), — MILLET,
TROYON, — CARLE-VERNET.

324. Vingt-huit lithographies et eaux-fortes, d'après les tableaux.

VILLOT (Frédéric).

325. Suite de neuf eaux-fortes, d'après Eug. Delacroix.

Moine en prière, R. 34, — Mendiant anglais, R. 127, — le Christ au Jardin des Oliviers, R. 182, — Arménien, R. 266, — Pieta, R. 297, — Gluck au Piano, R. 330, — l'Église des Jésuites, contes d'Hoffmann, R. 340, — deux Arabes causant, R. 472. — Belles épreuves sur Chine, grandes marges.

WISTHLER.

326. Sur le Seuil de la Cuisine.

ZICYLES, — JOHANNOT (Alfred), — JEANRON, RAFFET, etc.

327. Trente-deux lithographies et eaux-fortes.

ARTISTES DIVERS

EN LOTS

328. Vingt-et-une gravures à la sanguine, reproduction de maîtres du xviie siècle, plus deux dessins à la sanguine.

329. Seize pièces eaux-fortes : burin d'après différents maîtres, Holbein, F. Hals, Rembrandt, Rubens, etc.

330. Vingt-deux eaux-fortes de différents maîtres. Suite de l'eau-forte moderne.

> Bonnes épreuves, avec le timbre sec de Cadart.

331. Vingt-deux gravures : eaux-fortes, lithographies, etc.

332. Cent trente pièces : fleurs, gravures, aquarelles, lithographies et photographies.

333. Soixante pièces : gravures anciennes. Une d'après Prudhon et quatre d'après Chardin.

334. Quatre-vingt-une gravures : caricatures, gravures au burin, reproductions, dessins, etc.

335. Quarante-huit eaux-fortes de divers auteurs.

336. Vingt-six pièces de divers aqua-fortistes.

337. Trente-cinq eaux-fortes, par différents artistes,

338. Huit pièces de divers aqua-fortistes.

339. Cinquante pièces : lithographies, eaux-fortes, burin, quelques pièces intéressantes : le Chat de Burbaut, une lithographie de Bonhommé, etc.

340. Vingt-six pièces : lithographies et eaux-fortes diverses.

341. Soixante-dix-sept gravures au burin, eaux-fortes, lithographies.

342. Quatre-vingt-douze pièces : gravures, burin, eaux-fortes, lithographies.

343. Quatorze pièces : photographies variées.

344. Vingt-quatre pièces : gravures, eaux-fortes et photographies.

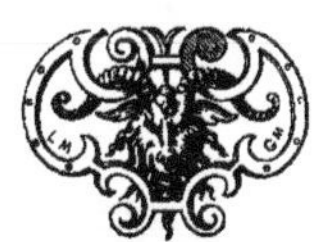

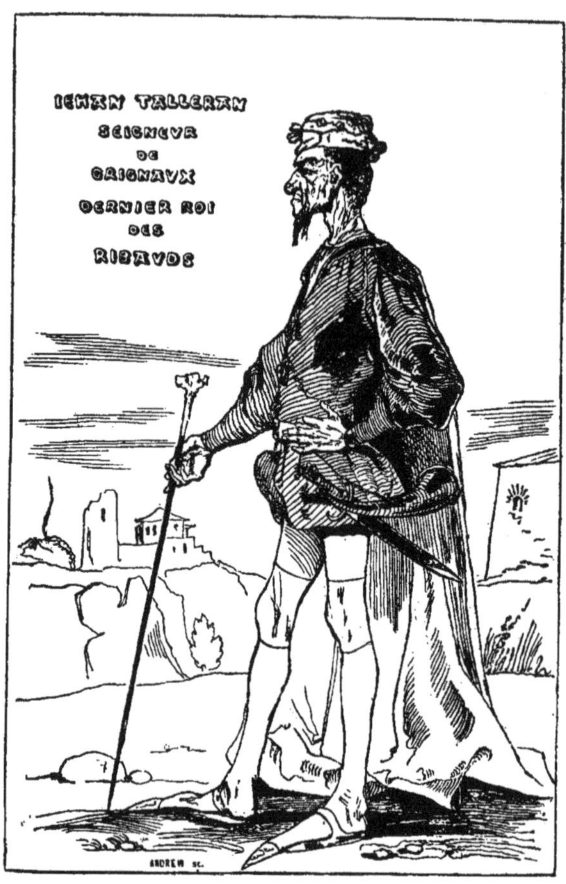

Frontispice de Tony Johannot
Pour le *Roi des Ribauds*, du bibliophile Jacob (1831).

ROMANTISME

JOHANNOT (Alfred et Tony).

I

EAUX-FORTES ET LITHOGRAPHIES

45. *La Confession*, par Jules Janin, 1831, eau-forte, par Alfred Johannot.

Épreuve sur Chine, avant lettres.

Corsaire rouge, par Cooper, 1827. Titre et vignette à l'eau-forte, sur Chine.

Romans étrangers. Deux eaux-fortes.
Épreuve sur Chine, avant lettres.

Soirée d'Artiste, 1831. Eau-forte tirée de l'*Artiste*.

Sous les Tilleuls, par Alphonse Karr, 1832. Eau-forte tirée de *l'Artiste.*

Don Quichotte. Tableau refusé au Salon de 1835. Eau-forte publiée par l'*Artiste.*

Scènes de la Vendée. Eau-forte sur Chine, tirée de l'*Artiste.*

Charles VI, eau-forte publiée par le *Journal des Artistes.*

Derniers moments. Eau-forte, tirage moderne pour la Galerie Durand-Ruel.

Scène de 93. Eau-forte, tirage moderne.

Rêve. Lithographie.

L'Ecuyer d'Aubéron, par Mélanie Waldor, 1832. Gravure à la manière noire, d'après Thoni (sic) Johannot.

Consolation. Eau-forte tirée de l'*Artiste.*

Quinze pièces.

II

FRONTISPICES DE ROMANS GRAVÉS SUR BOIS

346. ARLINCOURT (d'). Les Rebelles sous Charles V, 1832, trois vignettes sur les titres, gravées par Porret.

ARLINCOURT (d'). Les Ecorcheurs, 1833, gr. par Thompson.

BALZAC. Romans et contes philosophiques, 1832, deux vignettes sur Chine, gravées par Porret.

BALZAC. La Peau de chagrin, 1831, deux vignettes sur Chine, gravées par Porret.

BARTHÉLEMY. Ma Justification, 1833, gravé par Porret.

BEAUVOIR (Roger de). Excellenza, 1833, vignette sur Chine, gravée par Porret.

BERNARD (Laure). Les deux Frères, 1833, deux vignettes sur Chine, gravées par Cherrier.

BERTHOUD (Henry). Chroniques et Traditions de la Flandre, 1831, vignette sur la couverture, gravée par Porret.

BERTHOUD. Le Cheveu du Diable, 1833, deux vignettes sur Chine, gravées par Porret.

Burat de Gurgy. Le Lit de camp, 1832, deux vignettes, gravées par Thompson et Porret.

Charles (Ph.). Caractères et Paysages, 1833, gravé par Porret.

Drouineau. Le Manuscrit vert, 1831, deux vignettes sur Chine, gravées par Porret.

Drouineau. Les Ombrages, 1833, vignette sur Chine, gravée par Porret.

Drouineau. Résignée, 1832, deux vignettes sur Chine, gravées par Porret et Cherrier.

Foucher (Paul). Saynètes, 1832, vignette sur la couverture, gravée par Porret.

Hugo (Victor). Notre-Dame-de-Paris, deux vignettes pour l'édition de 1832, gravées par Porret.

Hugo. Notre-Dame-de-Paris, 1832. Vignette du 4ᵉ volume, tirée à part.

Hugo. Le Roi s'amuse, vignette gravée par Andrew.

Hoffmann. Contes fantastiques, 1830, vignette sur le titre, *n. s.*

Jacob (Bibliophile). Contes, 1831. Deux vignettes sur les titres, gravées par Porret.

Jacob (Bibliophile). Le Roi des Ribauds, 1831. Gravé par Andrew

Jacob (Bibliophile). Vertu et Tempérament, 1833. Une vignette gravée par Andrew.

Karr (Alphonse). Sous les Tilleuls, 1832. Deux vignettes sur Chine, gravées par Porret.

Martin (Henry). La Fronde, 1833. Vignette sur Chine, gravée par Cherrier.

Merville (Paul). Briolat, 1831. Vignette sur le titre, gravée par Porret.

Méry. L'Assassinat, 1833. Vignette gravée par Thompson.

Raymond (Michel). Les Intimes, 1831. Deux vignettes dont une sur le titre, gravées par Andrew.

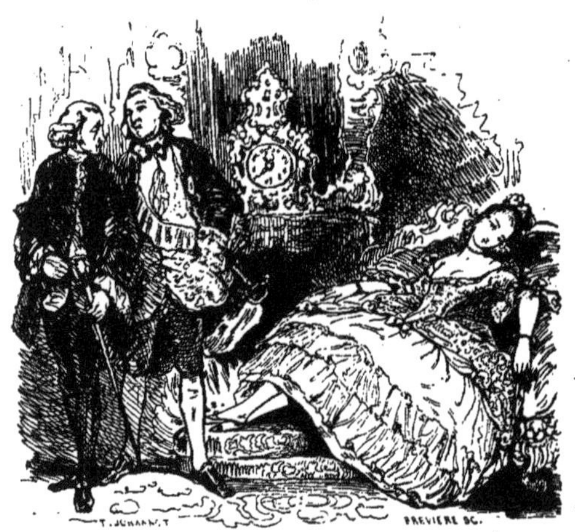

Vignette de Tony Johannot
Pour *Stello* ou *les Diables bleus*, d'Alfred de Vigny (1832).

Royer (Alphonse). Les Mauvais Garçons, 1831. Deux vignettes gravées par Porret.

Salles (Eusèbe de). Ali-le-Renard, 1832. Deux vignettes sur Chine, gravées par Porret.

Sand (George). Indiana, 1833. Deux vignettes sur Chine, gravées par Porret et Cherrier.

Sand (George). Valentine, 1833, une vignette sur Chine, gravée par Porret.

Sue (Eugène). La Salamandre, 1832. Une vignette sur Chine, gravée par Andrew.

Vigny (A. de). Stello, 1832. Trois vignettes sur Chine, gravées par Brevière,

Contes bruns, par une tête à l'envers, 1832. Vignette sur le titre, gravée par Thompson.

Anonyme. Vers 1832, gravé par Porret, pour un ouvrage inconnu.

Anonyme, 1831. Gr. Cherrier.

Cinquante-quatre pièces.

III

FRONTISPICES D'OUVRAGES DIVERS. — TITRES DE JOURNAUX
GRAVÉS SUR BOIS

347. Anonyme. Histoire populaire de la famille Bonaparte, s. d. Vignette sur le titre, gravée par Porret,

Anne (Theo.). La Prisonnière de Blaye, 1832. Vignette gravée par Porret.

Gastronome (Le). Journal, 1830. Vignette sur Chine, gravée par Porret.

Ancien Boulonnais (L'). Deux grandes vignettes, gravées par Porret.

Europe Littéraire, 1833. Epreuve du frontispice, gravé par Porret. Très beau titre imprimé sur soie.

Romance (La). Journal de musique, 1834. Epreuve sur Chine, gravé par Porret.

Entr'acte (L'). 1836. Epreuve sur Chine, gravé par Porret.

Vert-Vert. Titre gravé par Porret.

Diplôme. Grande vignette sur bois, Chine volant gravée par Porret.

Dix pièces.

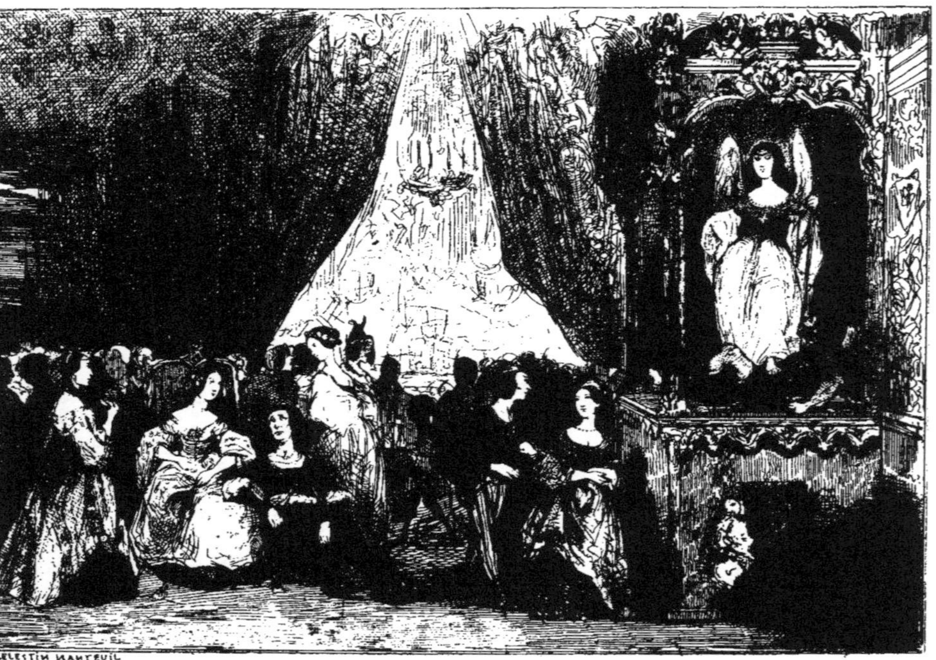

Don Juan de Marana.
Fac-similé d'une eau-forte de Célestin Nanteuil.

NANTEUIL (Célestin).

348. BOREL (Pétrus). *Son portrait* en pied, eau-forte, 1839. — *Rapsodies*, frontispice gravé à l'eau-forte pour la deuxième édition, 1833.

> Épreuve sur Chine.

Champavert. Dina la belle Juive, eau-forte publiée par l'*Artiste*.

> Épreuve sur Chine. Trois pièces.

349. DUMAS (Alexandre). *Œuvres complètes* (drames), frontispice gravé à l'eau-forte, 1834.

> Toutes marges. Épreuve sur Chine.

350. *Décors.* Pour le bal d'Alexandre-Dumas, 1833.

> Eau-forte, sur Chine.

351. *Angèle*, drame. Frontispice gravé à l'eau-forte, 1833.

Impressions de voyage. Frontispice à l'eau-forte, 1833.

Don Juan de Marana. Drame, 1835. Vignette à l'eau-forte, tirée du *Monde Dramatique*.

> Trois pièces.

352. *Catherine Howard*, Drame, 1834. Frontispice gravé à l'eau-forte, 1834, — *Une autre eau-forte*, pour le même drame, pièce très rare, la planche étant restée inédite.

> Épreuve sur Chine. Deux pièces.

353. GAUTHIER (Théophile). *Les Jeunes-France*, 1833. Frontispice gravé à l'eau-forte.

> Toute marge.

354. Hugo (Victor). *Lucrèce Borgia*, 1833. Frontispice gravé à l'eau-forte.

> Épreuve sur Chine.

Marie d'Angleterre. Frontispice gravé à l'eau-forte, 1833.
> Épreuve sur Chine.

La Esméralda. Opéra, 1836. Eau-forte publiée par le *Monde dramatique*.

Madame Dorval, dans Angelo. Lithographie publiée par le *Monde dramatique*, 1835.

Madame Victor Hugo, d'après Louis Boulanger. Eau-forte publiée par le *Magasins des Familles*
> Cinq pièces.

355. Collection de gravures à l'eau-forte pour les œuvres de Victor Hugo. *Paris, Renduel*, 1832, in-8.
> Quatre eaux-fortes, sur Chine : *Portrait de Victor Hugo*, — *Bug-Jargal*, — *Le Dernier jour d'un Condamné*, — *Notre-Dame-de-Paris*.

356. Musset (Alfred de). *Un Spectacle dans un Fauteuil*. Trois vignettes gravées à l'eau-forte.
> Avant toutes lettres, sur Chine.

357. Divers. *Poésies*, par Tampucci, 1833. Une vignette gravée à l'eau-forte.
> Épreuve sur Chine.

Venezia la Bella, par Alphonse Royer, 1833. Deux vignettes frontispices, gravées à l'eau-forte.
> Épreuves sur Chine.

Théâtre Royal de l'Opéra-Comique. Fête de nuit, 1835.
> Eau-forte. Toute marge. — Quatre pièces.

358. *Samuel*, par Paul de Musset, 1833. Frontispice à l'eau-
forte.

Un Clair de lune, par Gustave Albitte, 1833. Une vignette
frontispice, gravée à l'eau-forte.

Épreuve sur Chine.

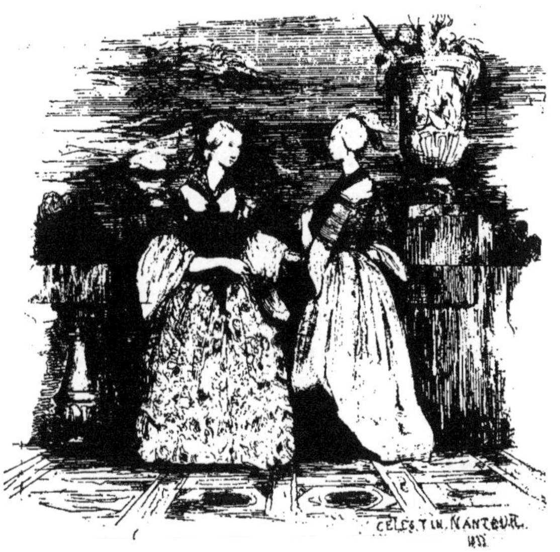

D'après une eau-forte inédite de Célestin Nanteuil
Pour le *Spectacle dans un Fauteuil* d'Alfred de Musset (1833).

Le Balcon de l'Opéra, par Joseph d'Ortigue, 1833. Une vignette gravée à l'eau-forte.

Épreuve sur Chine.

Etrennes pittoresques, 1835. Frontispice gravé à l'eau-
forte.

Le Jeu de la Reine, par la comtesse Dash, 1839. Vignette à l'eau-forte.

Cinq pièces.

359. Frontispice du *Génie du Christianisme*, tome troisième. Eau-forte inédite. Epreuve sur Chine, — Portrait de Félicien David.

Épreuve sur Chine, avant lettres.

Titre du *Voyage à ma fenêtre*, par Arsène Houssaye, — Affiche de la *Revue Anecdotique*.

Cinq pièces.

360. *Le Musée*. Frontispice gravé à l'eau-forte.

La Butte Montmartre. Epreuves avant lettres.

Modes. Eau-forte avant lettres.

Femmes arabes. Eau-forte sur Chine.

La Veille de la Bataille.

Frontispice : Druide, Aquitain, Massaliste, 1834. Epreuve sur Chine.

Six pièces.

361. *Artiste* (L'). *Frontispice*, avec portrait de Raphaël.

La Fontaine de Jouvence, 1839.

Hamlet.

Giotto dessinant ses moutons, 1839.

Parias, d'après Préault, 1834.

Fuite en Egypte, 1833. Epreuve sur Chine.

Amoroso.

Les Vendanges.

Huit pièces.

362. *Monde dramatique* (Le).

Frontispice du tome premier, 1835. Eau-forte.

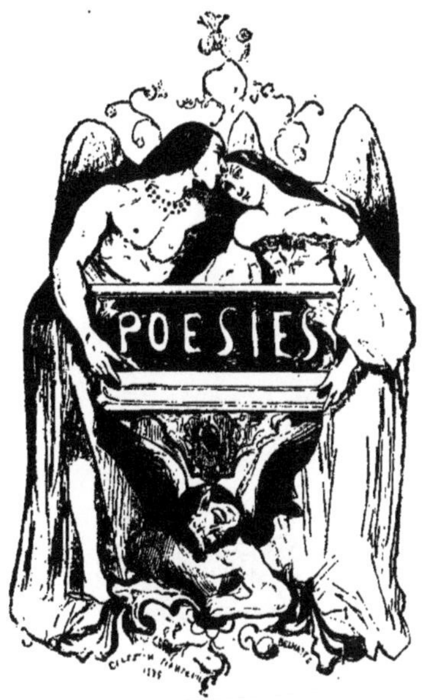

Vignette de Célestin Nanteuil
Pour le *Bord de la Coupe* de Chaudesaignes (1835).

Autres frontispices, tomes 3, 4 et 8, lithographies.

Don Juan d'Autriche, par Casimir Delavigne. Eau-forte 1835.

Le Démon de la Nuit, vaudeville 1835, lithographie.
Six pièces.

363. *Revue des peintres* : Un frontispice, — Soldats jouant aux dés, — Marie, — Le Voleur de la montagne.

Quatre pièces.

364. *La Jolie fille de la Garde*, chant populaire bourbonnais. Eau-forte d'après Achille Allier, in-fol.

365. Deux eaux-fortes inédites.

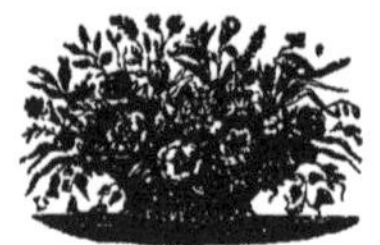

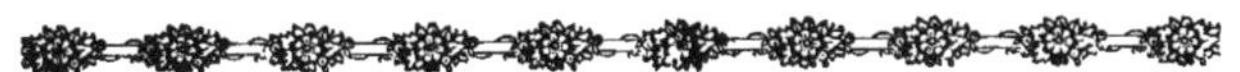

LITHOGRAPHIES ET GRAVURES

1830-1840

ALBERT (Alfred).

366. *Caliban* par Ed. Pouyat et Ch, Ménétrier, 1833. Deux vignettes frontispices à l'eau-forte sur Chine.

Deux pièces. — Alfred Albert, comédien et dessinateur de costumes pour les
théâtres, n'a gravé à l'eau-forte qu'exceptionnellement.

ALBERT (Alfred), — MÉLINGUE, ROGER (Camille), etc.

367. Eau-forte et lithographies pour le théâtre d'Alexandre
Dumas : *Don Juan de Marana, Catherine Howard, Kean,
Christine à Fontainebleau.*

Cinq pièces.

BOISSELAT (J.-F.).

368. *Nostradamus,* par Bonnelier, 1833, — une vignette gravée
à l'eau-forte. Epreuve sur Chine.

Raoul de Pellevé, par de Pastoret, 1833. Deux eaux-fortes,
sur Chine.

La Vivandière, eau-forte sur Chine pour le Salmigondis,
1833.

Elie Mariaker, par Boulay-Paty, 1834. Frontispice à l'eau-
forte. Epreuve sur Chine.

Mater dolorosa, 1834. Deux eaux-fortes.

Quand on a vingt ans, par Louis Huart. Une vignette gravée à l'eau-forte. Epreuve sur Chine.

Francisque Michel. Petite eau-forte en manière d'ex-libris.
Neuf pièces.

368 *bis*. JASQUIN (Després). Eau-forte tirée de l'*Artiste*.

Un Nécromancien. Eau-forte pour une publication inconnue. Deux états avant lettres.

Une jeune Châtelaine. Eau-forte sur Chine, avant lettres.

L'Archange Saint-Michel. Eau-forte sur Chine.

L'Echo de la Jeune France catholique, 1834. Eau-forte en deux états.

Bénitier de Saint-Eustache, 1836. Eau-forte.

Le Larmoyeur, 1834. Eau-forte sur Chine.
Sept pièces.

BOUCHARDY,

369. *Le Jeune Moine.* Gravure à la manière noire, publiée par l'*Artiste*.
C'est une des rares gravures du célèbre dramaturge.

BOULANGER (Louis).

370. *Les Fantômes*, lithographie.
Au bas, des vers de Victor Hugo.

371. *L'Enfer de l'Esprit*, par A. Vacquerie, 1840, vignette sur Chine, gravée par Andrew. — *La Ruche*, 1838.
Deux pièces.

**BOULANGER (Louis),
JOHANNOT (Tony et Alfred), — DEVÉRIA,
MARIE (Adrien) et DURAND (André),**

372. *Notre-Dame-de-Paris, Lucrèce Borgia, Angelo, La Quiquen-grogne*, par Victor Hugo,

Neuf pièces.

FOREST (Eugène).

373. *Blanche de Saint-Simon*, drame, par Antony Thouret, 1835, — *Les Truands*, par Lottin de Laval, 1832.

Deux vignettes.

GAVARNI.

374. *Au Mois de Mai*, par de Calvimont, 1838.

Une vignette sur Chine.

GIGOUX (Jean).

375. *Une Grossesse*, par J. Lacroix, 1833, vignette sur Chine, — *La Danse*, par Castil-Blaze, 1832, vignette sur bois, — *Chapelle-Musique des rois de France*, par Castil-Blaze, vignette gravée par Lacoste, — *Calomnie*, par Bonnelier, 1833, vignette gravée par Girardet, épreuve sur Chine, avant lettres, — *L'Ecuyer d'Aubéron*, par Mme Waldor, 1832. Deux gravures d'après Gigoux, gravées par Laviron, — *Poésies du Cœur*, par Mme Waldor, 1833, vignette sur Chine.

Huit pièces.

376. *Johannot* (Alfred et Tony). Portraits sur Chine, avant lettres.

Moine (Antonin). Portrait, épreuve sur Chine.

Deux pièces.

GODDÉ.

377. *Eugénie Grandet*, par Balzac, lithographie à la plume.

Épreuve sur Chine.

GRANDVILLE.

378. *Toussaint le Mulâtre*, par Antony Thouret, 1834.
Deux vignettes sur Chine.

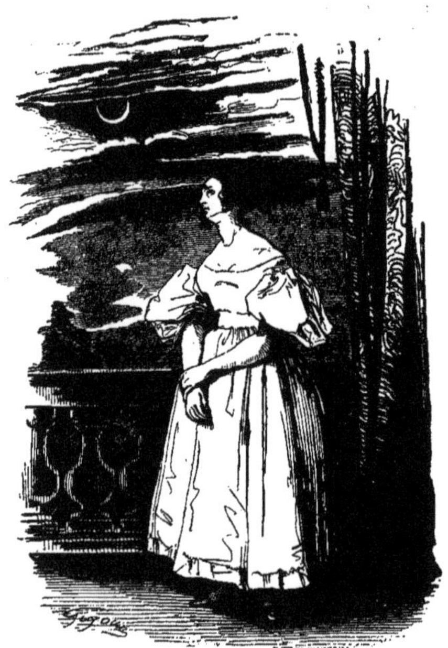

Vignette de Gigoux
Pour les *Poésies du Cœur*, de Mélanie Waldor (1833).

HUGO (Victor).

379. Dessins gravés par Paul Chenay, texte par Th. Gautier.
Paris, 1863, in-4, dem.-rel.

380. Eaux-fortes et gravures sur bois, d'après ses dessins; Gravures tirées de publications diverses.

Dix-sept pièces montées sur bristol.

ISABEY (Eugène).

381. *Les Smogleurs*, par Ed. Corbière, lithographie sur Chine. Epreuve d'essai, avec une marine d'Isabey sur la même pierre.

JEANRON.

382. *Le Petit Pâtre*, eau-forte publiée par la *Liberté*, *Revue des Arts*.

Camille Desmoulins, *Collot d'Herbois*, *Danton*. Portraits à l'eau-forte sur Chine.

Quatre pièces.

JOHANNOT (Tony), — BOULANGER (Louis), RÉGAMEY, etc.

383. Illustrations pour les œuvres de Victor Hugo.

Vingt pièces.

KELLER.

384. *Mousquetaires*, Louis XIII au cabaret. Eau-forte publiée par *la Liberté*, *journal des Arts*.

LANGLOIS (du Pont de l'Arche).

385. *La jeune Femme à sa toilette*. Fac-similé d'un dessin à la plume reproduit par Armand Durand.

386. Album de dessins de E.-H. Langlois du Pont-de-l'Arche, gravés par Jules Adeline, Ernest Le Fèvre et Bracquemond, autobiographie et recueil de lettres à Bonav. de Roquefort, classés et accompagnés d'un texte. *Rouen*, 1875, in-fol., papier vergé en livraisons, couv. imp.

LELEUX (Armand).

387. *Les Brigands* de Schiller.

Le 24 février, de Werner.

Faust, de Gœthe.

C'était moi, de Kotzebue.

L'Opéra du Gueux.

Les cinq Auteurs.

Six eaux-fortes tirées du *Monde Dramatique.*

LOTTIN DE LAVAL.

388. *La Chasse du bon duc Robert.* Ballade en caractères gothiques, avec lettres ornées et entourage à personnages dans la manière des anciens manuscrits. Placard in-4, lithographié à la plume.

Cette pièce inédite est la seule connue du romancier Lottin de Laval.

LOUBON-MONTIGNY

389. *Suissesses lavant à la fontaine.* Eau-forte.

MAY (Edouard).

390. *Le Cimetière d'Ivry*, par Poujol, 1833. Eau-forte. Epreuve sur Chine volant.

Une des rares eaux-fortes de l'auteur.

MONNIER (Henry).

391. *Le Voleur*, 1830. Vignette sur Chine.

MORIN (Gustave).

392. *Mélingue*, premier bal d'artistes. *Rouen*, 1834, eau-forte sur Chine.

> Rare spécimen de l'artiste qui voulut rester professeur de dessin dans sa ville natale.

ROGIER (Camille).

393. Lithographie pour la *Lénore de Monpou*, 1833.

Le Marchepied, par Léon de Vallerand, 1835. Deux eaux-fortes.

Autrefois, — *Faublas*, deux lithographies à la plume sur Chine.

> Cinq pièces.

ZIEGLER.

394. *Eloa*, la Sœur des Anges, compositions au trait sur le poème de Alfred de Vigny. *S. l. n. d.*, in-fol. cart.

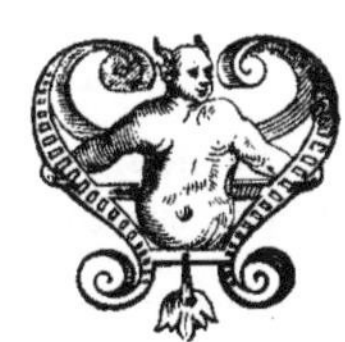

PARTITIONS, QUADRILLES ET VALSES

AVEC FRONTISPICES

ANONYMES.

395. Courcy (de). Lui et Moi, musique de Plantade. *Paris, Frère.*

Scribe (Eugène). Le Ranz des Vache d'Appenzel, musique de Meyerbeer. *Paris, Schlesinger.*

Thierry (Ed.). Les Souliers dans la Cheminée, musique de Monpou.

Waldor (Mélanie). Rosa, musique de Monpou. *Paris, Lemoine.*

Musset (Alfred de). Le Rhin allemand, musique de Félicien David. *Paris, Gérard,* etc., etc.

Dix pièces.

ARAGO (Jacques).

396. Barateau (Emile). Les Coupeurs d'Aumônières, musique de Clapisson. *Paris.*

Meissonnier. Le Guet, musique de Clapisson. *Paris.*

Boieldieu. Les Francs Routiers, musique de Clapisson. *Paris, Cendrier,* — La Veillée, musique de Clapisson. *Paris.*

Boieldieu. L'Homme à la Jaquette, musique de Clapisson. *Paris.*

Boieldieu. Les Deux Peureuses, musique de Clapisson.

Pacini (Emilien). Le Moine, musique de Meyerbeer. *Paris,
Schlesinger*.

Huit pièces.

BELLANGÉ.

397. Paulin. Le Départ du Tambour ou les Adieux à Barcelone,
musique de Plantade, *Paris, Frey*.

BOILLY (Jules).

398. Villiers. Le Ménestriel écossais, musique d'Ed. Boilly,
Paris, Bressler.

BOULANGER (Louis).

399. Hugo (Victor). La Ronde du Sabbat, musique de Niedermeyer.
Paris, Aulagnier, in-4.

En tête de la lithographie qui remplit toute la page, on lit ces deux vers de
Victor Hugo.

Et leurs pas ébranlant les arches colossales,
Troublent les morts couchés sous le pavé des salles.

Cette planche est une réduction de la grande lithographie, in-fol., *Ronde du
Sabbat*, par Louis Boulanger.

GAVARNI.

400. Scribe (Eugène). Mon fils est là, musique de Labarre. *Paris,
Schonenberg*.

Waldor (Mélanie). Fleurs d'Orient, musique de Latour.

Deux pièces.

GIGOUX.

401. Coussenel, Mignon, musique de Monpou. *La Romance*, 1834.

GODDÉ (Jules).

402. Berthé. Le Chasseur sacrilège, musique de Charles Gay,
Paris, Pacini,

Dovalle (Charles). Les Yeux Noirs, caprice, musique de Monpou. *Paris, Lemoine*, frontispice lithographié à la plume.

Gay (Charles). Jeanne la villageoise. *Paris, Pacini*, frontispice, épreuve sur Chine, — Chant d'automne. *Paris, Pacini.*

Hugo (Victor). Une Chanson, — Les Chants du Crépuscule, musique de Charles Gay, *Paris, Pacini*, 1835.

Musset (Alfred de). L'Andalouse, boléro, musique de Monpou. *Paris, Lemoine*, frontispice ultra-romantique.

Soulié (Frédéric). Les Résurrectionnistes, musique de Monpou. *Paris, Romagnési*, frontispice lithographié à la plume.

Vannault (Alfred). La Madona col Bambino, musique de Monpou à Célestin Nanteuil. *Paris, Romagnésie*, — La même deuxième édition. *Paris, Lemoine*. Modifications dans le frontispice.

Neuf pièces.

GUDIN.

403. Paulin. Ma Barque Arrivera, musique de Plantade. *Paris, Frère.*

MEUNT (A).

404. Hugo (Victor). La Captive orientale, musique de Mademoiselle Nicolo. *Paris, Pacini.*

LÉPAULLE.

405. Saint-Elme. Les Bons Avis du viel Arthur. *Paris, Frère.*

LEROUX.

406. Musset (Alfred de). Le Départ pour la Chasse, musique de Desvignes. *Paris, Catelin.*

LEVASSEUR.

407. Cabassol (Justin). Le Cauchemar, ballade, mise en musique par Aulagnier. *Paris, Meissonnier.*

MÉLINGUE.

408. Bourgeois (Anicet). La Nonne sanglante, ballade, musique de Piccini. *Paris, Pacini,* 1835.

NANTEUIL (Célestin).

409. Beauvoir (Roger de). *Le Noir,* musique de Monpou. *Paris, Meissonnier,* 1834, — *Le Vœu sur Mer,* musique de Monpou. *Paris, Meissonnier,* 1834.

410. Gautier (Théophile). *Sur la Mer,* romance, musique de Monpou. *Paris, Bernard-Latte,* 1837, — *Giselle,* musique d'Ad. Adam, 1841.

411. Hugo (Victor). *Les Deux Archers,* musique de Monpou. *Paris, Meissonnier,* 1834, — *La Chanson du fou de Cromwell,* musique de Monpou, 1835.

412. Hugo (Victor). *Gastibelza, le fou de Tolède,* musique de Monpou. *Paris, Meissonnier,* — *La Captive orientale, Paris, Meissonnier,* 1840, — *Notre-Dame-de-Paris,* drame de Paul Foucher, sur le roman de Victor Hugo. *Paris, Meissonnier,* 1850.

Trois pièces.

413. Hugo (Victor). *La Fiancée du Timbalier,* 1835 (*Ext. du Charivari*), — *La Juive,* ballade, musique de Monpou. *Paris, Meissonnier,* — *Sara la Baigneuse,* musique de Monpou.

Trois pièces.

414. Musset (Alfred de). *Madrid,* cantatille, musique de Monpou. *Paris, Romagnési,* 1832.

7

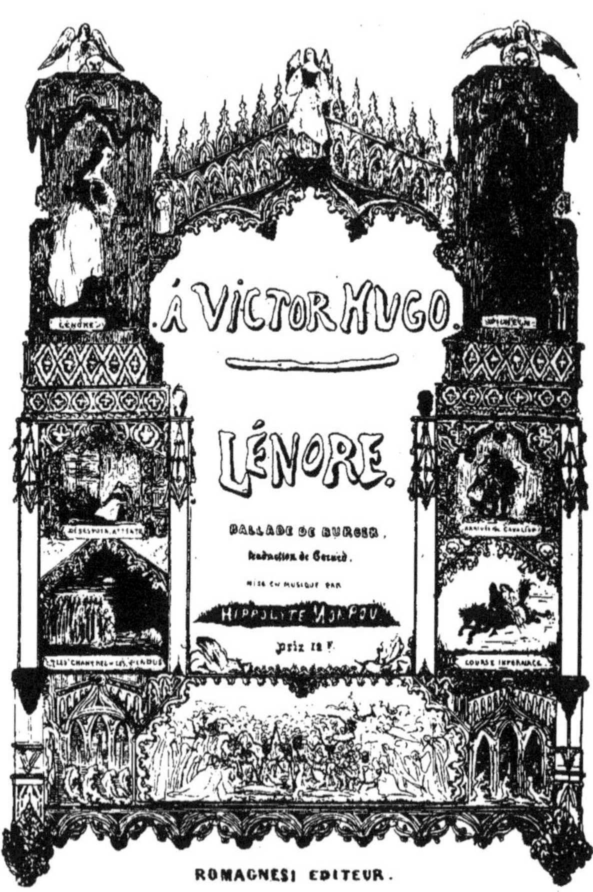

Fac-similé du Frontispice de J. Goddé
Pour la Lénore de Monpou (vers 1833).

415. Nʀʀᴠᴀʟ (Gérard de). *A Victor Hugo. Lénore*, ballade de
Bürger, traduction de Gérard, mise en musique par Monpou.
Paris, Romagnési, in-4, cart.

> La ballade de *Lénore* devait tenter également les compositeurs par son carac-
> tère mélodramatique, ses sombres détails et les ressources qu'ils offrent à la
> musique imitative. Monpou se mit à la besogne, incité sans doute par Gérard de
> Nerval qui, lui aussi, avait donné une traduction de l'œuvre de Bürger. Un album
> en résulta d'autant plus dans l'esprit du temps, que trois artistes, Célestin Nan-
> teuil, Camille Rogier, Jules Goddé, s'étaient entendus pour illustrer l'œuvre et la
> rendre digne de Victor Hugo à qui la symphonie fut dédiée. (*Champfleury. Les
> Vignettes Romantiques.*)

416. Aᴜᴛᴇᴜʀs ᴅɪᴠᴇʀs. *Hélène*, ballade, par d'Anglemont, musique
de Monpou. *Paris, Romagnési*, 1836, — *Ahasvérus (le Juif
Errant)*, musique de Monpou. *Paris, Bernard-Latte*, 1837,—
Paroles d'un Croyant, musique de Monpou, — *La Romance*,
1834, — *Pays de mes Amours, J'aime mieux mon Village*, par
Emile Barateau, musique de Rondonneau. *Paris, Meissonnier*,
1839, — *Ma Lune*, par de Courcy, musique de Plantade.
Paris, B.-Latte, 1837, — *Le Secret*, par Dubouchet, musique
de Berr, — *Ah ! j'ai peur de l'aimer*, par Rességuier, musique de Dufort. *Paris, B.-Latte*, 1836, — *La Captive
du Pirate*, par Henry Dumas, musique de Masini. *Paris,
B.-Latte*, 1835, — *Si j'étais Ange*, par Kermainguy, musique
de Monpou. *Paris, Pacini*, 1835.

> Dix pièces.

417. Aᴜᴛᴇᴜʀs Dɪᴠᴇʀs.—*Le Papillon*, par Lamartine, musique de
Vieuxtemps. *Paris, France musicale*, — *Le Voile blanc*, par
l'abbé de Lécluse, musique de Monpou, *France musicale*, —
Le Catéran, par Eugène de Lonlay, musique d'Adhemar.
Paris, Colombier, 1839, — *Le Roi des Maures*, par E. de
Lonlay, musique de Marmontel. *Paris, Colombier*, 1841, —
Sarah, opéra-comique par Mélesville, musique d'Albert Gri-
sar. *Paris, B.-Latte*, 1836, — *Lithographie à la plume*, —*Les
Deux Cavaliers*, par Victor Pavie, musique de Des Aubiez.
Paris, B.-Latte, 1837, — *La Convalescence*, par Poisson,

musique de Romagnési, 1836, — *Talebard le Malendrin*, par Porte, musique de Marmontel. *Paris, Colombier*, 1840, — l'*Esclave de Georgi*, par Vimeux, musique de Carulli. *Paris, B.-Latte*, 1835, — *La Ronde de Nuit*, par Vimeux, musique de Gabussi. *Paris, B.-Latte*, 1836.

Dix pièces.

418. AUTEURS DIVERS. *Le Vieux Chef*, par de la Hodde, musique de Marmontel. *Paris, Colombier*, 1839, — *Les Deux Mariniers*, par Hansens, musique d'Albert Grisar, — *Consolation*, poésie de F. Malherbe, musique de Victor Massé, — *Le Forban*, chant de mer. *Paris, Piçini*, — *L'Ame du Bandit*, par Richomme, musique de Monpou. *Paris, Meissonnier*, 1840, — *La Fille de l'Hôtesse*, ballade, par Edouard Thierry, musique d'Auguste Morel. *Paris, Mayaud*, 1843, — *Dieu maudissant Caïn*.

Sept pièces.

419. QUADRILLES. *Album de la France musicale*, 1842, — *L'année musicale, Paris, B.-Latte*, 1841, — *Les Châtelaines. Paris, Catelin*, — *Dom Sébastien*, — *La Lira d'Italia. Paris, B.-Latte*, — *Lucia di Lamermoor, Paris, B.-Latte*, — *Les Contrebandiers, Paris, B.-Latte*, — *La Symphonie. Paris, Meissonnier*, 1839, — *Trois quatuors, Paris, B.-Latte*, — Trois quadrilles sur les motifs de l'Opéra. *Le Mauvais œil. Paris, Meissonnier*.

Dix pièces.

420. QUADRILLES. *Le Fantastique. Paris, Catelin*, 1838, — *Lady Melvil. Paris, Meissonnier*, — *L'an Mil* de Grisar. *Paris, B.-Latte*, 1837, — Deux quadrilles sur les motifs de *Sarah. Paris, B.-Latte*. — *Répertoire du Jardin Turc. Paris, B.-Latte*, — *Grand galop du Postillon de Lonjumeau. Paris, Delahante*, 1835, — *Le Devin du Village. Paris, Meissonnier*, 1837, — *Alceste. Paris, Girod*.

Huit pièces.

RAFFET.

421. *Barateau* (Emile). *Appelez-moi ; je reviendrai*, musique de Panseron.

Courey (de). *Les Deux Sœurs*, musique de Panseron. *Paris, Schonenberger.*

Deleuse (Eugène). *Les Vedettes*, musique de Clapisson.

Trois pièces.

TEISSERENC.

422. *Waldor* (Mélanie). *Femme changée en pierre*, musique de Monpou. *Paris, Romagnési.*

Au massif, Une nuit sur l'eau, musique de Monpou. *Paris, Romagnési.*

Deux pièces.

TELLIER.

423. *Beauvoir* (Roger de). *La Tour de Nesle*, musique de Monpou. *Paris, Romagnési*, 1832.

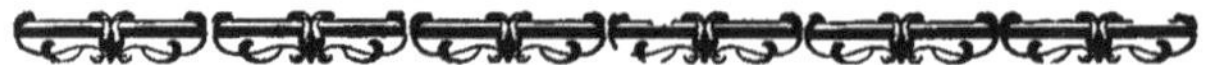

PORTRAITS ROMANTIQUES

BALZAC.

424. BERTALL. Portrait sur acier.

BOULANGER (Louis). Portrait gravé par Paul Chenay.

FIZELIÈRE (A. de la). Portrait à l'eau-forte.

Tiré à cinq exemplaires.

GAVARNI. Portrait à l'eau-forte non signée, avant toutes lettres.

Portrait de Balzac en robe de chambre.

HÉDOUIN. Portrait de profil, eau-forte avant la lettre.

Cette gravure commandée par l'éditeur P.-Malassis, ne fut pas mise en vente. Cinq pièces.

424 *bis*. PLATIER. Caricatures du jour. Monographie de la Presse parisienne.

C'est la grande revue qu'au milieu de la nuit, sabre de bois en main, tient Balzac décédé.

BENJAMIN. Romanciers 1838.

> Balzac nourri de gloire, est cependant bien gras.
> Par malheur ses succès ne lui ressemblent pas.

Deux pièces.

BOREL (Pétrus).

425. LEBRUN (Charles). Lithographie d'après le médaillon de Jehan Duseigneur.

Tirée à vingt-cinq exemplaires.

Kʀᴇᴜᴛʙᴇʀɢᴇʀ. Dessin au crayon, d'après le portrait de Pétrus Borel, par Louis Boulanger.

Deux pièces.

DESBORDES-VALMORE (Mme).

426. Lᴀɴɢʟᴏɪs (Hyacinthe). Portrait gravé au burin, 1833.

Portrait vrai jusqu'à la cruauté, mais curieux par la coiffure du modèle.

DEVÉRIA (Eugène).

427. Son portrait, lithographié par son frère.

Épreuve sur Chine.

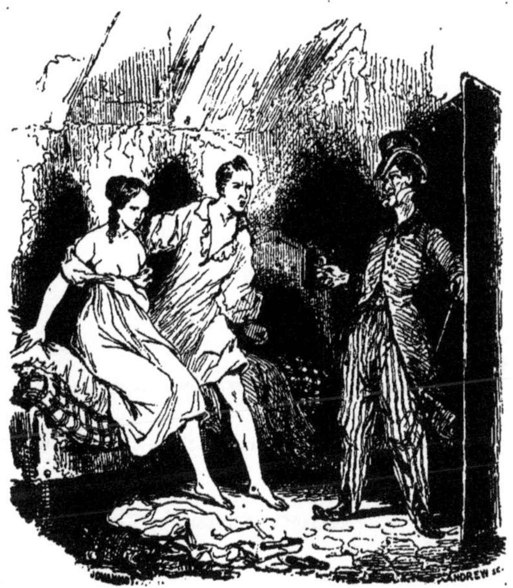

Vignette de Tony Johannot
Pour *Vertu et Tempérament* du bibliophile Jacob (1833).

DUMAS (Alexandre).

428. Bracquemond. Portrait à l'eau-forte, avant la lettre.

Dantan. Portrait-charge.

Noel (Léon). Portrait lith. d'après nature.
Trois pièces.

FONTANAY.

429. Portrait par Achille Devéria.
Épreuve sur Chine.

GAUTIER (Théophile).

430. Bouvenne (Aglaüs). Fac-similé d'un dessin de Théophile Gautier.
Tiré à très petit nombre.

Bracquemond. Portrait à l'eau-forte, avant toutes lettres.

Chasseriau. Portrait tiré de l'*Artiste*, gravé par Rodin.
Théophile Gautier représenté en Turc à son retour de Constantinople.

Duseigneur (Jehan). Lithographie de Charles Lebrun du médaillon de 1831
Tiré à vingt-cinq exemplaires.

Liphart, Burnet et Wolff. Trois portraits gravés.

Anonyme. Pierrot posthume. Caricature.
Numéro du *Charivari* à propos de la représentation de cette comédie au Vaudeville.
Gautier est représenté en Pierrot sur le dos d'un Arlequin, au pied duquel est attaché le boulet de la pantomime.

Fac-similé en couleur d'une reliure romantique pour l'*Albertus* de Th. Gautier.
Huit pièces.

HUGO (Victor).

431. Deloye. Le Poète exilé, fac-similé d'un dessin à la plume.

Boulanger (Louis). Madame Victor Hugo.

Noël (Léon). Mademoiselle Juliette, lith. d'après nature, 1832.

> Trois pièces.

432. Mérimée. Lithographié par Aglaüs Bouvenne en 1877, d'après un dessin à la plume fait par Mérimée à une séance de l'Académie.

> Tiré à douze exemplaires.

433. Rodin. Deux eaux-fortes comprenant quatre études de V. Hugo.

> Envoi de l'artiste. Ces eaux-fortes n'ont pas été mises dans le commerce.

434. Abot, Bonnat, Chenay (Paul), De Liphart, Nargeot.

> Cinq portraits gravés.

435. Legros. Eau-forte avant la lettre.

> N'a pas été mise dans le commerce.

436. Daumier. Caricatures du jour, 1843.

Roubeau (Benjamin). Panthéon charivarique, 1844.

> Deux pièces.

JANIN (Jules).

437. Benjamin. Galerie littéraire, 1836,—Panthéon charivarique, 1839, deux portraits chargés. *Extr. du Charivari.*

Ferdinandus. Le Chalet, rue de la Pompe, — le Cabinet de Travail.

> Quatre pièces.

KARR (Alphonse).

438. Benjamin. Portrait en Moine,

Giraud. Portrait gravé en 1840 par Riffaut.

Nanteuil (Célestin). Portrait, *Galerie de la Presse*, 1838

Nargeot. D'après une photographie.

> Quatre pièces.

MUSSET (Alfred de).

439. Lami (Eugène). Portrait en pied gravé en couleur avant la
lettre et signé au crayon : *A. de Musset*, 1841.

Ce fac-similé en couleur, d'après un dessin au crayon d'Eugène Lami, est très
rare.

Le même. Réduction d'après la gravure précédente.

Épreuve sur Chine. — Deux pièces.

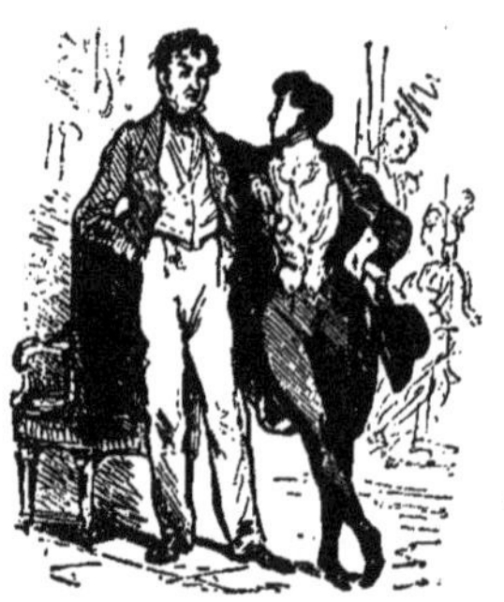

Charles Nodier.
Vignette de Tony Johannot, pour l'*Histoire du Roi de Bohême
et de ses sept Châteaux (1830)*.

NERVAL (Gérard de).

440. Lebrun (Charles). Lithographie, d'après le médaillon de
Jehan Duseigneur, 1831.

Tirée à vingt-cinq exemplaires.

Noël (Léon). Jenny Colon, 1837.

On sait que Jenny Colon fut la principale passion de Gérard de Nerval. —
Deux pièces.

SAINTE-BEUVE.

441. BORNEMANN. Portrait avec un fac-similé de sa signature. Epreuve sur Chine.

TRIMOLET. Maison de Sainte-Beuve, rue du Montparnasse. Eau-forte sur Chine.

Deux pièces.

SAND (George).

442. CALAMATTA. Portrait avant lettres, 1836.

CHARPENTIER. Trois portraits gravés par Riffaut, Ballin, etc.

SCOTT ET JEANNIOT. La maison et le jardin à Nohant. Intérieur de la maison.

Six pièces.

DIVERS.

443. ARLINCOUT (D'), — BARTHÉLEMY, — BEAUVOIR (Roger de), — BERTHOUD (Henry), — BURAT DE GURGY, — DESCHAMPS (Emile), HOUSSAYE (Arsène), — MÉRY, — PYAT (Félix), — SOULIÉ (Frédéric), — SOUMET, — STENDHAL, — THOURET (Antony), par Isabey, Benjamin, Alophe, etc.

Quinze pièces.

DIVERS.

444. GIRARDIN (Mme E. de), — ABRANTÈS (Mme la duchesse d'), — DORVAL (Mme), — CHODZKO (Olympe), par Gavarny, Léon Noël, etc.

Neuf pièces.

PERSONNAGES INCONNUS.

445. Deux feuilles lithographiées, l'une signée J. Veillot, 1834, sur Chine.

MŒURS, — MODES, — POLITIQUE, RELIGION, etc.

446. Prévenus d'Avril, Lagrange et Fournier, — Trois feuilles
satiriques sur les Saints-Simoniens : l'Eglise catholique française ; les Templiers ; la Ville nouvelle de Saint-Simon, — un
Sectaire du xix° siècle, — les Génies méconnus, — la Toilette de la Mariée, — l'Harmonie, — un Bal à la Chaussée-
d'Antin, — Lettre d'invitation pour un Bal masqué, portant
en tête une lithographie romantique, — La Galoppe, — une
Soirée, — la Visite du matin, — Le Bal, — le Quatuor, — Costumes de Mode, — la Reine du Bal, — Galeries de pierre, —
Filles circulant dans le Palais-Royal, gravure en couleur, —
Liard, chiffonnier philosophe.

> Vingt-et-une pièces. Réunion de pièces intéressantes pour l'histoire des
> Mœurs et du Costume en 1830.

ARTISTES DRAMATIQUES.

447. F. Lemaître dans l'Auberge des Adrets, — Bocage. Dessin
original à la plume, de Zacharie, d'après un portrait de Ma-
léry, du musée de Rouen, — Bocage et Mélingue, deux lithographies.

> Quatre pièces.

MUSICIENS.

448. Berlioz, — H. Monpou, — Ghis, — Paganini.

> Quatre portraits.

PORTRAITS MODERNES.

449. Théodore Barrière, le baron Taylor, deux caricatures par
Durandeau, — Henry Murger, — Ch. Asselineau, — Poulet-
Malassis, — Vacquerie, — Paul de Saint-Victor, — Flaubert,
— Rollinat, etc.

> Quatorze pièces.

CARICATURES

SUR LES ÉCRIVAINS ROMANTIQUES

450. *La Nouvelle poésie*, 1769. Lavis au bistre, gravé d'après le procédé de Le Prince pour le *Roué Vertueux*.

Cette image satirique contre l'*Honnête Criminel*, le drame de Fenouillot de Falbaire, met en scène les coupes de poison, les carcans et les gibets, qui, soixante ans plus tard, devaient être reprochés à l'École Romantique. De même les bustes de Corneille et de Racine sont voilés afin que l'image de ces tragiques ne soit pas offusquée par les abominations de la nouvelle école. (*Note de Champfleury.*)

451. *Un Poète malheureux*, lithographie en couleur.

> Qu'importe à ces hommes, mes frères,
> Le cœur brisé d'un malheureux.
> Trop au-dessus de mes misères,
> Mon infortune est si loin d'eux.
>
> (*Livre I, Harmonie IX.*)

Dans la cour d'un château entouré d'ombrage, Lamartine enveloppé dans une somptueuse robe de chambre, s'est endormi dans un fauteuil armorié en écrivant une *Harmonie* sur une grande croix de bois émargeant du feuillage. — Pièce très rare, signée Emilien Logogriphe.

452. *Hé bien, Classique? Hé bien, Romantique... Enfoncés.* Lithographie en couleur, publiée par *Hautecœur-Martinet*, 1830.

Un jeune Romantique, une sorte de Devéria, en costume satanique descend les marches du palais de l'Exposition, avec un large cadre admirablement ouvragé, contenant une toute petite toile. Au pied de l'escalier, un personnage en culotte courte, lève les yeux au ciel. On lui a refusé à la même Exposition un tableau de Romains. (*Note de Champfleury.*)

453. *Ce polisson de Racine!... Si j'avais vécu de son temps, nous nous serions mesurés l'épée à la main.* Lithographie en couleur publiée chez *Hautecœur-Martinet*, 1830.

> Un personnage en costume Henri III, discute frénétiquement avec un bourgeois sceptique. Sur une muraille on voit l'affiche d'*Hernani*. — Pièce très rare, signée : *C. R.*

454. *Han d'Islande.* Lithographie en couleur, vers 1833.

> Légende L'étonnante et juste popularité dont jouit ce beau poème, dispense d'entrer dans les longs détails sur le sujet traité. Han d'Islande, après la révolte des Mineurs, sourit appuyé sur sa hache de pierre, il vient de déchirer avec ses griffes, dégouttantes de sang, plusieurs corps étendus à ses pieds; quelques vautours, corbeaux, loups, chiens sauvages et l'ours favori accourent prendre part au festin.

> *Tableau de Boudoir, commandé par Mme la marquise de K.*
> Pièce rarissime.

455. *Besoin du siècle ou naturel du Romantisme.* Vomipischidrame ou Trilogie en un tableau. Lithographie, 1830.

> Deux Chiffonniers portant dans leurs hottes des feuillets sur lesquels sont inscrits : *Stockolm, Henri III, Le More, Hernani,* se montrent accroupi au pied d'un arbre, un homme qui se livre au Vomi-pis-chi-drame. — Pièce très rare, d'une exécution grossière.

456. *Les Romantiques.* Lithographie en couleur publiée par Genty, vers 1835.

> Un jeune ténébreux habillé de noir, pantalon collant, manteau rejeté en arrière, est assis sur un rocher en face de ruines d'architecture gothique. Cheveux et cravate au vent, un livre ouvert sur la cuisse, il médite sur les ruines d'où s'échappent des chauves-souris. Plus loin un de ses compagnons, serrant une sorte de guitare dans ses bras, déclame du haut d'un quartier de roc mousseu.

457. *Caricature du Figaro. Numéro 1. Mucius, Brutus, Coclès Aristide publiccole lentille concombre,* Boussingot né à Commune-Affranchie.

> Portrait en pied d'un Républicain de 1832, en chapeau de cuir, cravate rouge, gilet à larges revers, une longue pipe à la bouche, il s'appuie sur un solide gour-

din et tient à la main un bonnet rouge phrygien. Sur une table, bouteilles de liqueur avec les étiquettes : Fleur de Guillotine, Liqueur à la Marat, etc. Caricature du groupe de poëtes auquel appartenaient Pétrus Borel, Joseph Bouchardy, O'Neddy.

458. *Pégase romantique.* « Rien n'est beau que le laid, le laid seul est aimable. »

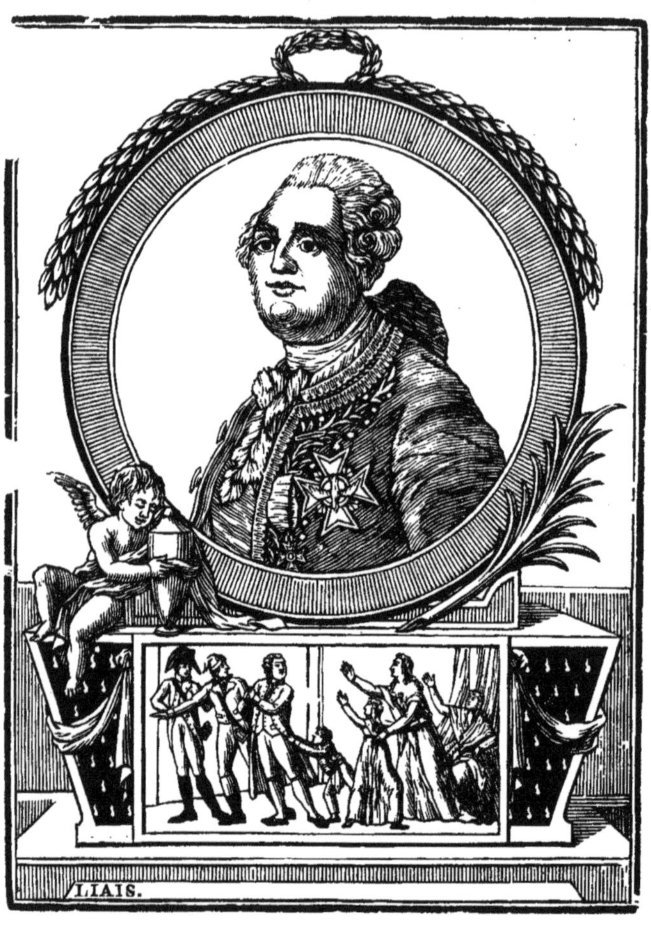

LIAIS.

PIÈCES HISTORIQUES

LOUIS XVI ET LA RÉVOLUTION.

459. Le jeu royal de l'Oye, renouvelé des Grecs, jeu de grand
plaisir et de récréation, comme aujourd'hui les Princes et
Grands Seigneurs le jouent et le pratiquent. *Orléans, chez
Perdoux,* xviiie siècle.

Épreuve colorie.

460. *Ballons.* A l'honneur de MM. Charles et Robert, 1783.
Paris, chez Le Noir.

461. *Collection des Drapeaux des sections de la Garde Nationale
de Paris,* 1790, in-4, v. m.

L'Album doit contenir soixante planches ; la première série, 1 à 30, est seule
complète ; on y a joint les feuilles 31, 34, 45, 56, 57 et 60 de la seconde série.

Chaque drapeau de section est porté par un Garde National, dans une pose
différente à chaque feuille. Personnage et emblèmes, gravés à l'eau-forte, coloriés
à l'aquarelle très finement.

D'après le graveur Bracquemond qui a étudié de près le coloriage et ses
rehauts à la gouache et en or de ces planches, les dessins et gravures seraient
de Moreau-le-Jeune.

462. Almanach de 1792.

Portraits de Louis XVI, Marie-Antoinette, Bailly, Lafayette, etc. Douze
médaillons en couleur.

463. Brise Moustache, colonel-général des Grenadiers Bénédictins,
— Souper du Diable, — Liberté ! Egalité !

Trois pièces coloriées.

464. Tiers-Etat, — Le Temps passé, — Le Temps présent, — Le
Tiers-Etat, — La Noblesse, — Le Clergé. C'est ici que les
premiers sont les derniers.

Trois pièces coloriées.

465. Vous êtes razé, **Monsieur l'abbé**, — Il ne nous reste que la
France, — Le départ de la Sainte-Famille.

Deux pièces coloriées.

466. L'Invincible raison, etc. *Commune-Affranchie, chez le citoyen
Désombrages*, — Liberté! *A Paris, chez Chéreau*, — la Loi,
— la Fraternité, — la Vérité, — la France républicaine, —
Liberté, — le Geova des Français. *Paris, Démarest*, —
Patronne des Français.

Neuf pièces symboliques, en couleur et en bistre.

467. Chute prochaine de la fille à Target, — le Nouveau Calvaire,
— Abus constitutionnels, — Abus ministériels. *Wébert au
Palais-Royal.*

Trois pièces gravées à la manière noire et imprimées en bistre.

468. Le Dégel de la Nation, — Grand Dieu, de quel côté que je
tourne mes pas, je vois la honte et le supplice, — Ah! ça va
mal, — Domine salvum fac regnum, — le Ministre grave directeur du spectacle, — C...us Ch...ca, Charles La..., etc.

Six pièces.

469. Grand combat à mort. La reine de France renversée par le
Taureau, — Recrue patriotique allant à la guerre pour soute-
nir les Jacobins et les Feuillans.

Deux pièces.

470. Son Patriotisme est en Canelle. Au Coq André, rue de la
Grande-Truanderie, — Retour de conscience, — le Général
Lafayette soutenu sur les bâtons des maréchaux Lukner et

Rochambeau prend la lune avec les dents, — les Coups de Rabot, — les Braves brigands d'Avignon, — les Jacobins lavent leurs confrères galériens, soldats de Chateau-Vieux.

Six pièces.

471. Plaies de l'Egypte, ou Etat de la France depuis 1789, jusqu'à l'établissement de la Constitution actuelle, — Ego Stultus, etc., — Ouf!

Trois pièces gravées.

472. Deux Cartes à jouer : Égalité du devoir représentée par le valet de cœur. — Liberté représentée par la dame de pique.

Deux pièces.

473. Bon nous voilà d'accord, épreuve au crayon d'un bois de la fabrique de *Letourmy, à Orléans*.

Caricature à la plume contre les Moines, signée *Pérignon fils, mort en 1794 au service de la République.* — Deux pièces.

474. Le Ministre d'Etat (1798), — The Nursery, — The Night mare (1793), — Political dreamings (1802), — John Bull taking a lunehon, etc., — Armed-heroes vide (1803), — The Plum-Pudding in danger, — l'Insurrection de l'Institut amphibie.

Caricatures anglaises contre la République. — Neuf pièces coloriées.

475. M. Le Pelletier, assassiné le 20 janvier 1793.

Épreuve coloriée. Très rare.

476. Portrait de Le Pelletier de Saint-Fargeau. *Paris, Chéreau.* Pièce coloriée (déchirure), — Habit civil du citoyen français, — Représentant du peuple aux armées.

Trois pièces.

477. Caricatures politiques, *s. l.* an vi, in-18.

Cinq planches coloriées, cart.

478. La Joyeuse Sortie, caricature contre les Jésuites.

Estampe en couleur.

479. Bonne bière de Mars.

Affiche illustrée représentant des Incroyables et des Merveilleuses trinquant ensemble. — Pièce coloriée. Très rare.

480. Bonne double bière.

Affiche illustrée, représentant un Tambour-Major, un Dragon, un Chasseur à pied, un Trompette de Hussard du Premier Empire, à la cantine, se faisant servir de la bière par la Cantinière.

481. Passeport de l'an II. Vignette symbolique en tête.

NAPOLÉON.

Ces images en couleur, publiées de 1812 à 1815, se font remarquer par une extrême violence contre Bonaparte ; les caricaturistes à l'étranger sont peut-être moins rancuneux que les graveurs français payés par les royalistes. (*Note de Champfleury.*)

482. La Lumière du XIXᵉ siècle, ou l'art d'éclairer les hommes à la manière des tyrans, — les Trois Fédérés, — Jaloux de leurs plaisirs, épiant chaque geste. Messieurs dit Lucifer, après vous s'il en reste, — la Crise salutaire.

Quatre pièces coloriées.

483. Conduite impériale, — la France outragée. Le Cruel rit des pleurs qu'il fait verser. — Madrid, Moscou, Fontainebleau, — Du haut en bas... ou les Causes et les Effets. — La France vengée. Elle rit de ses larmes.

Quatre pièces coloriées.

484. Ah ! papa les belles bulles de savon que tu as faites, — Je suis sur les épines, je perds la carte, je ne bats que d'une aile, — Je ne sais sur quel pied danser (30 mars 1814), — Il essuie de grands revers où les tâches ineffaçables, — le Désespoir du tourneur en jambe de bois.

Quatre pièces coloriées.

485. Jugement dernier. Gravure à la manière noire, — Je suis sur
les épines. Epreuve noire.

> Deux pièces.

486. L'Ecolier battant la retraite devant son maître, — le Déserteur, — J'ai tout perdu jusqu'à ma dernière prise.

> Trois pièces coloriées.

487. Projet de Tombeau : Passant, ah ! ne plains pas mon sort, si je
vivais tu serais mort, — la Ménagerie de la Rue Impériale, —
Buonaparte au bain.

> Trois pièces coloriées.

488. Explication des armes de Buonarparte, — Serpent d'Afrique
sous les armes, — le Dernier élan d'un Grand Homme, — Général sans pareil.

> Quatre pièces coloriées.

489. Le Jour de barbe, — Autant en emporte le vent, — Le
Petit Homme rouge berçant son fils, — la Chouette, avec
l'explication.

> Quatre pièces coloriées.

490. La Chute du Titan moderne, — la Boîte de Pandore, —
Néant, — Du bas en haut, ou le Titan nouveau, — la Tête du
Tyran.

> Quatre pièces coloriées.

491. Le Départ et le Retour, — Départ pour l'Ile d'Elbe, —
Voyage à l'Ile d'Elbe, — Arrivée de Napoléon dans l'Ile d'Elbe,
— le Sire-Conscrit dans l'Ile d'Elbe.

> Cinq pièces coloriées sur le Départ et le Retour de l'Ile d'Elbe.

492. Le Commencement et la Fin, — l'Epouvantail inutile, — le
Grand Opérateur, — la Fête des Innocents. Année 1814. —
Feuille sans légende.

> Cinq pièces coloriées sur le Départ et le Retour de l'Ile d'Elbe.

493. *Caricatures anglaises et allemandes.* Cour martiale assemblée pour juger un déserteur de la Grande Armée, — le Chef
de la Grande Nation dans une triste position, — le Four des
Alliés ou le Corse prêt à être cuit, — le Geai dépouillé des
plumes empruntées, — le Sabot Corse en pleine déroute, — le
Volant Corse, etc., etc.

Onze pièces coloriées.

494. *Caricatures françaises contre les Généraux et les Fonction-
naires du Premier Empire.* Les Derniers monuments de la
République, — Je jure que ça sent la violette, — Colin court,
— Cri de Paris, — le Matériel perdu, — la Girouette politique et littéraire, — le Veau d'or.

Sept pièces coloriées. Caricatures contre le Maréchal Ney, Caulaincourt,
Saint-Jean-d'Angély, Bassano, l'abbé Maury, etc., publiées de 1812 à 1815.

495. *Cambacérès et ses Intimes.* La Petite Loge ou l'Archifou, —
le Plaisir, — le Marchand de ridicules, — Suite de la Promenade au Palais-Royal, — Loge à l'Opéra, — les Habits retour-
nés, — Haine aux femmes, Haine aux hommes, — le Carnaval
de 1814 ou le Macaroni Impérial, — la Fin du monde, — ma
Tante Urlurette, — Promenade au Palais-Royal, — Tenons-
nous sur les derrières, — le Cheval fondu.

Treize pièces coloriées. La plupart de ces caricatures visent les mœurs de
Cambacérès, qu'un mot attribué à Napoléon fait comprendre. Cambacérès était
en retard à un rendez-vous fixé par l'Empereur. — Sire, dit pour se justifier
l'archi-chancelier, j'étais avec une dame.... Hé bien, une autre fois, vous direz à
cette dame : Prends ta canne et va-t-en.

496. Le Degen politique. Pièce coloriée.

Degen, mécanicien allemand, avait inventé des ailes à l'aide desquelles il pré-
tendait pouvoir voler dans les airs. L'expérience ne réussit pas.

Bonaparte la recommence, croyant s'élever à l'aide de la terreur et de l'intérêt.
(*Note manuscrite de Champfleury.*)

497. La Revanche. Pièce coloriée.

Bonaparte avait, le 12 vendémiaire fait mitrailler les Parisiens dans la rue
Saint-Roch. Plus tard Saint-Roch prend sa revanche, chasse Bonaparte. Sur les
degrés de l'Église, ombres des victimes du 12 vendémiaire. (*Note manuscrite de
Champfleury.*)

RESTAURATION, — LOUIS-PHILIPPE.

498. Le Jacobin royaliste, — l'Aspirant, — l'Aspirant civil,— les Descentes de croix ou la Semaine Sainte de 1815 (par *Eugène Delacroix*),—Vive le roi! ou les spéculateurs et les politiques en défaut,— Qu'avez-vous? comme vous voilà fait, — Charte constitutionnelle,—Vite, soufflons, soufflons morbleu! — Ils s'en vont, — l'Eteignoir, — Il m'a fait tomber, — Combat à outrance, — M. Quatremère dijonval, — le Boulevard Italien, — la Chaire vacante.

Huit pièces coloriées et six pièces noires. Ces pièces publiées entre 1815 et 1820, sont relatives aux Royalistes, aux Jésuites, à la Censure, etc.

499. Entrée de Sa Majesté Louis XVIII, le Désiré, à Paris, le 3 mai 1814.

Épreuve coloriée.

500. L'Enjambée Impériale. Caricature en couleur.

501. *Arlequin auteur*, joué sur un théâtre de province, *s. l. n. d. Lith. de Langlumé*, douze planches, in-8, non rog.

502. *Ménagerie royale, Londres*, 1831, vingt-quatre planches de caricatures contre Charles X, in-18, obl. couv. imp.

503. *Caricatures sous Louis-Philippe. (Extraites du Charivari.)*

Cent cinq pièces.

504. *Caricatures*, par Trimolet, Fontallart, etc.

Cinq pièces dont deux en couleur.

505. *Caricatures*, vingt-huit pièces différentes.

506. *Caricature anglaise*, une femme accroupie derrière une meule de foin, cache avec son éventail ce que la pudeur l'oblige à ne pas montrer.

Épreuve en couleur.

507. *Caricatures anglaises*, the Artist publié à Londres.

508. *Caricature anglaise* en couleur.

Dix-sept pièces, curieuse réunion.

IMAGERIE POPULAIRE

I

509. Fêtes commémoratives et Cérémonies sous la République et
le Premier Empire.

>   Ces images populaires, vendues dans les rues de Paris, sont de la plus grande
> rareté.

510. Le Général Buonaparte fait la paix avec le Pape, au nom
de la République Française, 19 février 1797. *Paris*, chez *Bon-
valet*, une feuille in-fol., volante avec gravure sur acier, enca-
drée par les couplets d'une chanson. Texte gravé.

511. Place de Grève le jour de la Prise de la Bastille (Vue de la).

>   Image en couleur de la fabrique *Letourmy d'Orléans*.

512. Fêtes de l'Anniversaire de la fondation de la République.
Vendemiaire an x.

>   Cinq feuilles volantes, in-fol. de deux pages de texte à deux colonnes, avec
> frontispices symboliques gravés sur acier.
>   Détails du programme de la fête, suivi de chansons.

513. Tableau historique des trahisons et de la mauvaise foi du
gouvernement anglais, envers toutes les puissances et envers
la France, depuis son origine jusqu'au traité d'Amiens. *Paris,
Imp. Gauthier* (1802).

>   Une feuille volante, in-fol. de deux pages de texte à deux colonnes, avec fron-
> tispice sur bois, signé Fergéux, représente Napoléon inspectant la flotte
> française.

514. Fêtes pour l'anniversaire de là naissance de l'Empereur,
15 août 1807. Détails des jeux de joute, exercices sur la corde,
par le sieur Forioso et sa troupe, spectacle gratis le 14 à
six heures du soir, etc. *Paris, Imp. Aubry.*

Feuille volante, in-fol. de deux pages de texte, gravure sur bois, entête avec
figures symboliques.

515. Assemblée du Concile national français, 9 juin 1811, en
l'Église métropolitaine de Paris. *Cambrai, Imp. Hurez.*

Une feuille in-fol., gravure sur bois, en couleur.

516. Assemblées du Champ-de-Mai (avril 1815). *Paris, Imp.
Baudouin.*

Une feuille de deux pages à deux colonnes, avec gravure sur bois.

517. Oraison funèbre de Napoléon Bonaparte (5 mai 1821). *Imp.
de Mme Junehomme.*

Un placard, in-fol. de deux pages avec une gravure sur bois représentant
l'Empereur mort, étendu sur son lit de parade.

II

COSTUMES MILITAIRES, FACÉTIES, LÉGENDES RELIGIEUSES

AMIENS.

518. Réimpressions, — Fac-similé, — Facéties, — Brevets, —
Passeports, etc.

Vingt pièces.

CHARTRES, — NANCY, — BEAUVAIS, ORLÉANS.

519. Complainte sur la Pucelle d'Orléans, — Sainte-Catherine,
— Saint-Louis, — Damon à la grille du monastère, — Can-

tiques spirituels, — Saint-Vincent, — Sainte-Adélaïde, — Saint-Antoine, — La naissance de Jésus-Christ.

Neuf pièces coloriées.

DIVERS.

520. Sujets de piété, — Sainte-Anne, — Saint-Douai, — Sainte-Barbe, — le Calvaire d'Arras, — Louis XVIII, roi de France, Duc de Berry, — Comte d'Artois, — Comtesse d'Artois, — Duc d'Angoulême, — Duchesse d'Angoulême, — Assemblée du Concile national français, — Prise de la ville de Moscou par les Français, — Mort du maréchal Duroc, 1813, — Naissance du duc de Bordeaux, — Baptême du duc de Bordeaux, — Derniers moments du duc de Berry, 1820, — Famille royale de France, — Souverains étrangers, — Pie VII, — Damon et Henriette, — Les Malheurs de Pirame et Thisbé, — L'Arbre d'Amour, — M. et Mme Denis, — Le Monde renversé, — Alphabet des Arts et Métiers, — Martin de Cambrai, — La Chaste Suzanne, — Histoire de Barbe-Bleue, — Le Petit Poucet, — la Petite Cendrillon, — Grenadiers Français, — Hussard Français, — Musique militaire, — Forteresse et Camp français, — Timbaliers, — Lanciers, — Cavalerie française, — Troupes russes, — Troupes françaises, — Troupes étrangères, — Paysage pour jeu d'enfants, etc., etc.

Soixante-trois pièces coloriées, montées sur papier fort.

ÉPINAL.

521. Cantiques spirituels à Sainte-Cécile, Saint-Jules, Sainte-Adélaïde, Sainte-Christine, Saint-Vincent-de-Paul, Sainte-Hélène, Saint-Vincent, Sainte-Rosalie, Saint-François, Sainte-Thérèse, Sainte-Solange, onze feuilles, 1800 à 1820, — Mort et convoi de l'invincible Malborough, — la Petite Cendrillon, — le Bienheureux Saint-Lache, trois feuilles 1800-1820, — Notre-Dame-de-Bon-Secours, 1820, — Notre Saint Père le

Pape, 1840, — le Pet de l'Ane où le Mort Parlant, 1845, —
Donnera-t-on quelque chose à crédit ?

Dix-huit pièces coloriées.

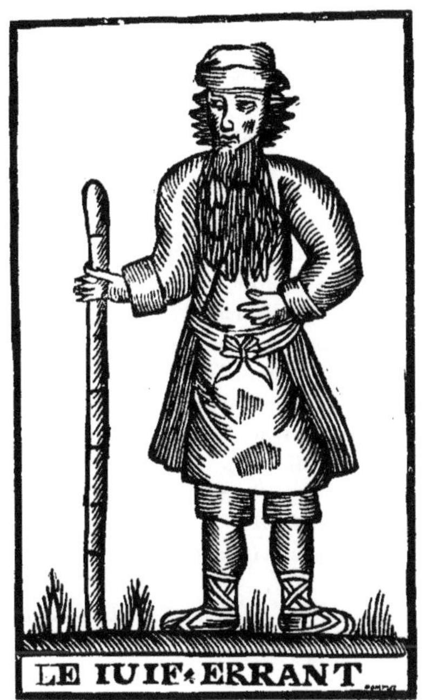

Histoire de l'Imagerie populaire
Par Champfleury.

JUIF-ERRANT.

522. Le Juif-Errant. Planches sur bois divisée en quatre compar-
timents, *s. l. n. d.*, — Complainte, image coloriée. *Paris,
Bonnet,* — remarquable et véritable portrait au naturel du

fameux Juif-Errant lorsqu'il arriva en France. Gravure sur cuivre, coloriée. *Paris, Jean*, — véritable portrait du Juif-Errant, tel qu'il a été vu à Bruxelles en 1774. *Boucquin, à Paris*, — véritable portrait du Juif-Errant tel qu'il a été vu à Bruxelles en 1774, image coloriée avec la complainte. *Paris, Guérin*, — le Juif-Errant, image coloriée avec complainte. *Epinal, Pellerin*, — le Même, autre coloration, — le Juif-Errant, image coloriée avec complainte. *Metz, Gangel*, — le Juif-Errant. *Metz, Dembourg*, — véritable portrait du Juif-Errant tel qu'il a été vu à Bruxelles en 1774. Image coloriée. *Paris, Boucquin*, — véritable portrait du Juif-Errant, tel qu'il a été vu à Bruxelles en 1774, image coloriée. *Paris, Baudouin*, — le vrai portrait du Juif-Errant, image coloriée. *Epinal, Pellerin*, — le vrai portrait du Juif-Errant. *Epinal, Pellerin*, — en allemand, image coloriée. *Wissembourg*, — le Juif-Errant, portrait authentique d'après la légende. *Metz, Thomas*, — le Juif-Errant. *Epinal. Pellerin*, — le Juif-Errant. *Metz, Gangel*, — le vrai portrait du Juif-Errant. *Epinal, Pellerin*, — le Juif-Errant. *Epinal, Pinot*, — le Même, autre coloration, — le Juif-Errant. *Epinal, Pellerin*, — le Juif-Errant. *Wissembourg, Wentzel*, — Feuille sans titre, par Gostiaux. *Paris, Brégeaut*, — Ahasverus (le Juif-Errant), scène en prose, mise en musique par Monpou, frontispice par Célestin Nanteuil, 1837, — le Juif-Errant, scène en prose, frontispice par Gigoux, — le Juif-Errant, deux pièces, l'une sur bois de Grandville, l'autre de Lemud sur acier, pour les Chansons de Béranger, — le Juif-Errant, gravure sur acier, d'après Traviès, pour les *Chansons populaires de la France*, — le Juif-Errant, six gravures sur bois, dont une coloriée, pour illustrer la complainte, dans divers journaux populaires, — le Juif-Errant, six gravures sur bois d'après diverses publications, — deux caricatures dont une en couleur du *Charivari* et du *Journal pour Rire*, — le Juif-Errant et les Comètes, seize petits sujets coloriés. *Epinal, Pellerin*, — le Jeu du Juif-Errant, soixante-trois sujets en couleur. Ce sont les personna-

ges du roman d'Eugène Sue, — la Légende du Juif-Errant.
Compositions et dessins par Gustave Doré, poème par Pierre
Dupont. *Paris, Michel Lévy*, 1856, in-fol. cart., couv. imp.
(première édition).

Vingt-neuf pièces.

METZ.

523. La Petite Meunière, — Isabeau et Colas, — le Jardinier
galant,— l'Arbre d'Amour, quatre feuilles en couleurs de 1815
à 1820, — Militaires de l'Empire, six feuilles en noir de 1810
à 1814.

Dix pièces coloriées.

PARIS.

524. La petite Cendrillon, — Damon à la grille du monastère, —
Heureuse bénédiction des maisons, Jubilé de 1826, — l'Arbre
d'Amour, — le Chat Botté,— Troupes françaises. Les Grena-
diers 1814 à 1820, — la Cantine militaire, — le Bienheureux
Saint-Lache, — le Grand diable d'argent, — l'Horloge de
Crédit.

Douze pièces coloriées.

III

IMAGERIE JAPONAISE

525. Scènes en couleur, —Femmes à l'intérieur, en promenade,
— Paysages, — Représentations d'Américains, hommes,
femmes, — Défilé de troupes, — Intérieur de salle de spectacle au Japon, etc., etc.

Vingt-huit pièces coloriées, in-4, montées sur papier fort.

526. Quatre albums dessinés et gravés par O Kou-Saï : Croquis de
plantes, d'oiseaux, d'animaux, d'hommes et de femmes, légè-
rement rehaussés de rouge, in-8, br.

527. Six albums, sujets grotesques, costumes, scènes d'intérieur
érotiques, scènes de bains et de courtisanes, illustrations de romances et de légendes, in-8 et in-12, br.

528. Vingt-quatre albums en couleurs. *Yokohama*, in-8 br.

Ces Albums sont de ceux qui n'ont guère pénétré en France. Quoique modernes
et imprimés entre 1840 et 1850 environ, ils sont d'une extrême curiosité par le
rendu de la physionomie des Américains, Chinois, Français, etc., qui séjour-
naient à Yokohama. On y voit ces divers peuples dans leur intérieur ainsi que
dans les rues de la ville, à table, au jeu, en grande toilette.

Avec leur finesse et leur habileté connue, les Japonais ont donné une très
exacte caractéristique des Anglais, des Anglaises et des Américains. La di-
mension des figures a permis aux dessinateurs de bien saisir le caractère de ces
différentes races.

Quatorze volumes forment la première partie de cette série, la deuxième
partie est consacrée aux rapports des différents peuples avec les indigènes ; ainsi
le volume 15 représente entr'autres types, un étranger essayant de danser la danse
du pays, un Russe avec une jeune Japonaise, un Français dans une maison
publique, etc. La troisième partie, composée de neuf albums, a trait plus spéciale-
ment à des embarcations européennes, des bateaux chinois, des chemins de fer, etc.

Paris a fourni le sujet du dernier et vingt-quatrième volume, mais un Paris
fantastique éclos dans l'imagination du peintre.

Une notice manuscrite, par un lettré du pays, porte cette désignation : « Paris,
capitale de la France, est une grande ville où se trouve un grand château sur le
quai ; sur la tour de ce château est placée une statue en or, représentant le Roi
de France qui a civilisé son pays. La ville est moins grande que Londres, mais
les maisons et les rues sont très jolies et placent Paris à la tête de l'Europe, etc. »

DESSINS, AQUARELLES

ANKER.

529. Enfant dans sa chaise cherchant à ramasser sa poupée, — Enfant voulant atteindre un ours posé sur une table.

Deux croquis au fusain.

ANONYME.

530. Miniature, — Entrevue de Philippe le Bon et du roi Jean, — Curieuse miniature représentant la ville de Rouen.

Pièce intéressante pour la ville de Rouen. Les Armes de Rouen au bas.

BRESDIN (dit Chien-Caillou).

531. Un Intérieur, — le Repos en Egypte.

Deux dessins à l'encre de Chine et à la sépia.

532. Carte de visite pour le nouvel an, dessin à la plume d'une grande finesse, — une Chaumière, sur le premier plan un Cavalier fait boire sa monture.

Très curieux dessin.

533. Six photographies d'après ses dessins.

Curieuse réunion.

BONHOMMÉ.

534. Palais du Prince de Liège. Aquarelle.

Les dessins de cet artiste de grand talent sont rares.

BONVIN (François).

535. Les Sœurs de Saint-Vincent-de-Paul distribuant des secours aux pauvres, aquarelle.

BOUTET (Henri).

536. Chien-Caillou (Bresdin), sur son lit de mort, dessin à la plume.

CALLET.

537. Moine lisant, dessin au crayon noir.

CHAMPFLEURY (Mme Marie).

538. La Guerre. Intérieur du cabinet de travail du député Journault, après la guerre de 1870. Aquarelle.

Au bas, un texte de Champfleury, projet d'ouvrage sur le Siège de 1870.

539. Caricature d'après une peinture de Breughel. Aquarelle.

CICÉRI (Eugène).

540. Vue de l'Entrée du château de Château-Thierry.

Dessin mine de plomb.

COROT.

541. Paysage. Aquarelle.

Les aquarelles de Corot sont très rares.

DELACROIX (Eugène).

542. Sardanapale.

Cinq dessins. Ce sont des études destinées à son tableau. Deux sont à la plume, la première représente le Bûcher avec ses accessoires ; la seconde, la figure de

Sardanapale et celle de la Femme frappée par le Nègre. Trois sont à la mine de plomb : 1° Sardanapale sur son Bûcher ; 2° la figure de la Femme, le Nègre retenant le cheval et des croquis de têtes ; 3° des types cherchés pour des têtes Orientales.

543. L'assassinat de l'Evêque de Liège. Etudes pour ce célèbre tableau.

Trois dessins dont deux à la plume ; le plus grand recto et verso. Le troisième à la mine de plomb, représente d'un côté l'Assassinat de l'Evêque de Liège et au verso, le Bûcher de Sardanapale.

Ces trois dessins d'un grand intérêt font voir avec quel soin Delacroix recherchait ses compositions avant de les arrêter.

544. Chats.

Quatre dessins à la mine de plomb et à la plume ; plusieurs ont été reproduits dans le livre des *Chats de Champfleury.*

545. L'Entrée des Croisés à Constantinople.

Croquis au trait mine de plomb, figure du tableau, croquis divers.

546. Fleurs, roses trémières, œillets d'Inde.

Dessins à la mine de plomb, exécution admirable, dessins de grand intérêt.

547. Fleurs aux traits.

Deux dessins à la mine de plomb.

548. Portrait de femme.

Dessin à la mine de plomb.

549. Quatre feuilles de croquis de chats, à la plume et au pinceau.

Plusieurs de ces dessins ont été reproduits dans l'ouvrage de Champfleury sur les Chats.

549 *bis*. Dessin à la sépia, d'après Paul Foucher, beau-frère de Victor Hugo, vers 1832.

La maison des Pierret s'ouvrait tous les soirs à un groupe de peintres et d'amis des arts : Delacroix, Schwiter, Frédéric Villot, Jal, etc. ; divers croquis donnent à croire qu'à la suite de quelque mésaventure récente, attribuée à Paul Foucher, toute une soirée fut consacrée à dessiner ses faits et gestes. (*Champfleury. Les Vignettes romantiques.*)

550. Un cahier, couvert en parchemin, contenant cinquante
feuillets chargés de croquis très variés, exécutés au crayon,
à la plume, au lavis et à l'aquarelle de 1818 à 1825. Ils repré-
sentent des figures d'après nature, des peintures antiques, des
animaux, des paysages, des portraits, des caricatures, des costumes de théâtres. Il s'y trouve même le brouillon d'une
lettre galante, deux pages en anglais.

Ce cahier porte le cachet à la cire de la vente posthume d'Eugène Delacroix.

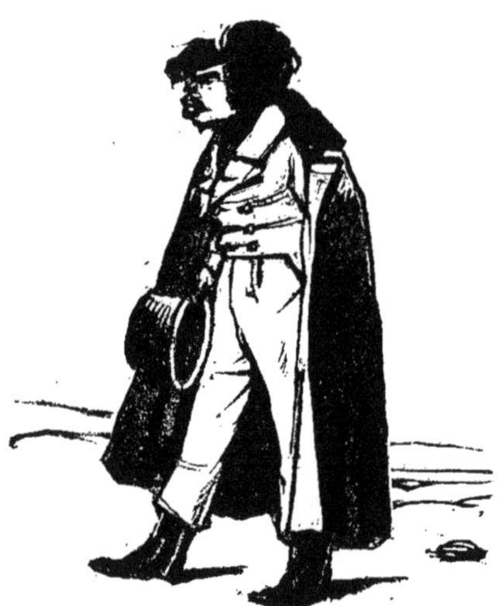

Paul Foucher
D'après un croquis d'Eugène Delacroix (1832).

551. Dans un registre du xviiie siècle contenant des visites faites
à la congrégation des Sœurs de la Charité, du quartier de la
Madelaine-Ville-Lévêque, Delacroix a couvert trois belles

pages blanches de croquis à la plume : l'un en date du 28 février 1844. Il s'y trouve en outre une vingtaine d'autres croquis de fleurs à la mine de plomb.

552. Un carnet de poche, soixante-six feuillets, hauteur 0,16 1/2, largeur 0,10 1/2.

> Trots pages un quart, détails de dépenses pour voyage en Angleterre, 1825.
> Notes et croquis sur excursion en Bretagne et Normandie, du 14 au 28 Août 1834.
> On y remarque surtout des « coeffes » de femmes dessinées d'après nature et diverses vues, architecture, etc.
> Puis un croquis de « la Liberté » figure avec changements du tableau du Louvre.
> Enfin des rébus, copies d'inscriptions, etc.
> Tous ces croquis sont tracés au crayon mine de plomb, par Eugène Delacroix.

553. Un carnet de poche, vingt-six feuillets, hauteur 0,10 ; largeur 0,17.

> Croquis divers : Figures, — Paysages, — Caricatures, etc.
> Pages principales : Un prisonnier sur la paille, — Paysages d'Angleterre, — Un artiste dessinant et surtout une tête de mort posée sur une branche de laurier.
> Ces croquis, sur papier blanc ou teinté, sont traités au crayon, à la sépia, ou à l'aquarelle, par Eugène Delacroix, vers 1816-1820.

GOYA (Ecole de).

554. Reproduction de trois scènes des Caprichos.

> Trois peintures sur métal.

GUYS (Constantin).

Véritable artiste, Guys n'eut pour maître qu'une profonde science d'observation unie à une grande volonté. Doué comme il l'était, il pouvait également être littérateur ou dessinateur ; il choisit le crayon le croyant plus propre que la plume à exprimer les impressions ressenties et à rendre les choses vues.

Ses dessins sont d'un art imparfait, mais il faut le reconnaître, d'une vérité saisissante ; tout est chez lui impression ressentie, souvenir exprimé.

Bien que les marchands de tableaux, aient à un certain moment exposé beaucoup de ses croquis l'oubli, se fit autour de son nom, à l'époque des voyages qu'il fit en Bulgarie, en Turquie et en Espagne.

Les événements de 1848 puis la guerre de Crimée que Guys suivit en artiste et en historien lui inspirèrent un grand nombre de compositions publiées par l'*Illustrated London New.*

Cet intéressant artiste était un homme élégant, un parfait dandy, très modeste, prenant peu soin de sa gloire et produisant sans cesse. Il sera certainement un jour classé à la place à laquelle il a droit.

En outre de ses dessins sur les Biches, Lorettes et Filles, il fit une série de dessins sur l'Orient ; il reproduisit avec un grand talent la Fête commémorative de l'Indépendance dans la cathédrale d'Athènes. Ses voitures, calèches, valets de pied du grand monde sont très recherchés en Angleterre.

555. Filles et Lorettes, dessin à la plume, rehaussé de couleurs.
Huit dessins.

556. Filles et Lorettes, dessin à la plume, rehaussé de couleurs.
Neuf dessins.

557. Filles et Lorettes, dessin à la plume rehaussé de couleurs.
Huit dessins en un lot.

558. Voitures, Calèches, Landaux, dessins à la plume rehaussés de couleurs.
Quatre dessins en un lot.

559. Dessin à la plume rehaussé.
Sept pièces.

INCONNU

560. Un Bouquet de fleurs. Aquarelle.

INCONNU.

561. Le Déjeuner mal servi. Aquarelle.

JOUETS D'ENFANTS

562. Premier Empire, environ cinquante-cinq planches à l'aquarelle.

KREUTZBERGER

563. Miniature. Un Tourneur au xvi° siècle.

LEGROS (Alphonse).

564. Dessin à la plume, titre pour six eaux-fortes, avec une
introduction par Champfleury.

> Ce projet n'a pas été mis à exécution. Très beau, d'une exécution franche, c'est
> une page d'écriture.

MARCHAL (Charles).

565. Le Choix des Servantes en Alsace. Aquarelle.

MIDOUX.

566. Une Paysanne filant, dessin au crayon noir.

MONNIER (Henry).

567. Le Banc des Juges, dessin à la plume sur papier teinté
rehaussé de blanc, beau dessin, signé et daté 1874.

568. Le Jour de Réception, dessin à la plume rehaussé de couleurs,
signé et daté 1872.

569. Le Paralytique lisant. Aquarelle d'une jolie exécution.

570. Portrait de femme en pied, joli dessin à la mine de plomb,
daté du 15 mai 1839.

571. La Veillée. Deux femmes autour d'une table éclairée par une
lampe; celle du fond coud, la première lit un livre qu'elle
tient à la main.

> Sépia, dessin intéressant.

572. Henry Monnier, en costume de femme (pour la Famille Improvisée ?)

> Aquarelle, au coin gauche, observations relatives aux costumes et signé : H. M., à côté le timbre humide de Henry Monnier, sur lequel est son profil. Intéressante aquarelle représentant le grand comédien et le dessinateur célèbre.

573. Femme assise, mettant ses bottines, dessin au crayon sur papier de couleur, réhaussé de blancs, daté du 26 novembre 1868.

574. Portrait d'homme, la tête seulement très faite, dessin à la mine de plomb, dessin d'une superbe facture.

575. Tallerand Périgord, dessin au crayon noir, repris à la plume, fait après la mort.

576. Trois croquis têtes d'après nature : Papavoine, Collet, l'autre sans indication. Croquis à la mine de plomb, repris à la plume. Dessins bien intéressants.

577. Intérieur de Bagne. Les forçats en casaques et bonnets rouge sont au repos.

> Aquarelle non signée portant le timbre de la vente après décès de l'artiste.

578. Portrait de femme, daté de Lille 1866.

> Signée et portant le timbre de la vente après décès de l'artiste. Joli dessin à la mine de plomb.

579. Portrait de Lesguillon, dessin rehaussé de couleur sur papier teinté.

> Non signé, portant le timbre de la vente après décès de l'artiste.

NANTEUIL (Célestin).

580. Portrait de Victor Hugo.

> Dessin d'après nature qui lui a servi pour mettre au centre de l'eau-forte qu'il fit pour l'illustration projetée de Notre-Dame-de-Paris dont il n'exécuta que deux eaux-fortes. Dessin à la mine de plomb, très curieux.

RIBOT (E.).

581. Un Marmiton, dessin à la plume.

582. Tête d'enfant, dessin à la plume.

SUTTER.

583.. Vue prise à Fontenay-aux-Roses, la Mare de la Tour de Crouy, dessin à la plume.

ARTISTES DIVERS.

584. Un lot de dessins du xviiᵉ siècle, dessin à la sanguine. Têtes de Saints et Saintes.

585. Un lot de trente-quatre dessins : crayon, aquarelle, calque et autre.

586. Un lot de soixante pièces : dessins anciens, plusieurs intéressants.

TABLE

Paris. — Imp. J. MONTORIER, 16, Passage des Petites-Écuries.